USP PARA TODOS?

MUSA SOCIOLOGIA
Volume 1

Este livro foi editado e acordo com o Novo Acordo Ortográfico da Língua Portuguesa

As falas dos alunos entrevistados preservaram seu discurso original, não havendo interferência do revisor nem na sintaxe nem na ortografia.

Wilson Mesquita de Almeida

USP PARA TODOS?

ESTUDANTES COM DESVANTAGENS SOCIOECONÔMICAS E EDUCACIONAIS E FRUIÇÃO DA UNIVERSIDADE PÚBLICA

São Paulo
2009

CAPA | Raquel Matsushita (Entrelinha Design)
DIAGRAMAÇÃO | Set-up Time Artes Gráficas
REVISÃO | Fernanda Rizzo Sanches
IMPRESSÃO E ACABAMENTO |Editora Parma

Dados Internacionais de Catalogação na Publicação (CIP)
(Câmara Brasileira do Livro,SP, Brasil)

Almeida, Wilson Mesquita de
 USP para todos?: estudantes com desvantagens socioeconômicas e educacionais e fruição da universidade pública / Wilson Mesquita de Almeida. — São Paulo: Musa Editora, 2009. — (Musa sociologia)

 Bibliografia.
 ISBN 978-85-7871-001-9

 1. Ambiente universitário 2. Desigualdade social 3. Diversidade cultural 4. Ensino superior - Brasil 5. Política educacional 6. Universidade de São Paulo 7. Universidades públicas I. Título. II. Série.

09-08648   CDD-306.43

Índices para catálogo sistemático:
1. Universidade de São Paulo : Socialização universitária : Sociologia educacional   306.43

Todos os direitos reservados.

MUSA EDITORA
Rua Bartira 62/21
05009 000 São Paulo SP
Tel/fax (11) 3862 6435
www.musaeditora.com.br
www.musaambulante.com.br
www.anacandidacosta.blogspot.com

IMPRESSO NO BRASIL, 1ª edição, 2009

Para meus pais Anna Thereza Mesquita de Almeida
e Antônio José de Almeida (*in memorian*)

"... Foi uma luta para entrar, agora é uma para tentar fazer um curso decente, minimamente decente."
(Clara – estudante de História).

APRESENTAÇÃO

O diploma que atesta a conclusão de um curso superior é, no Brasil, uma marca de distinção das mais importantes. Ele é necessário para o acesso às posições mais bem remuneradas do mercado de trabalho e chega mesmo a garantir, ainda hoje, um tratamento especial àqueles possuidores que infringiram as leis.

Não é surpresa, portanto, que o diploma seja alvo das expectativas, dos desejos, das esperanças de milhares de jovens brasileiros, assim como não é surpreendente que muita energia tenha sido mobilizada nos últimos tempos em torno das lutas para se construir, na sociedade brasileira, a percepção de que a oportunidade de um indivíduo obter um diploma de ensino superior não deve estar subordinada às condições econômicas da família em que ele nasceu.

Como sabemos, grande parte dessa luta tem sido direcionada para provocar mudanças no vestibular das universidades públicas. Experiências de ação afirmativa, sejam baseadas em cotas, bônus ou isenções no pagamento das taxas cobradas para realização do exame, têm sido o seu resultado mais concreto.

Este livro aborda um outro aspecto, menos visível, dessa questão. Estudando as experiências de um grupo de jovens que, logrando ultrapassar a barreira do vestibular e ingressando numa universidade pública de primeiro time, esforçam-se para concluir os seus cursos, Wilson Mesquita de Almeida mostra por que discutir acesso ao ensino superior e, mais especialmente, à universidade pública, implica levar em conta as condições de trabalho posteriores à admissão e problematizar o percurso. Fazer universidade não é a mesma coisa para todo mundo, fica claro.

No que consiste essa diversidade de experiências? Isso é o que não é tão claro e este livro oferece elementos para se compreender. Há jovens "em vantagem" e há os jovens focalizados neste livro, aqueles "em desvantagem", que somos levados a conhecer por meio de suas próprias vozes registradas em situação de entrevista individual e em grupos de discussão.

Essas falas e o tratamento que o autor dá a elas são um dos pontos fortes da análise proposta. Do encadeamento de ideias que provocam, da documentação precisa de situações exemplares vivenciadas por esses jovens e da percepção que constroem sobre essas experiências surge em pleno vigor uma sociologia da educação que produz, no caminho, uma sociologia do conhecimento e da maneira como este é utilizado na sociedade brasileira para orientar a distribuição dos recursos dos quais o diploma e as vantagens a ele associadas são um exemplo.

A desvantagem, aprendemos, é um dado rápido e duramente percebido. Uma de suas dimensões fundamentais é o tempo. Os jovens focalizados são filhos de pais que pouco estudaram e cresceram à distância das práticas culturais valorizadas pelas escolas e pelos exames que garantem o acesso às carreiras escolares de longa duração. Não compreendem muito bem as exigências da escola a ponto de se sentirem meio fora de sintonia, e até mesmo o português que praticam percebem como inadequado. Sua linha de partida na corrida para o ensino superior é nitidamente anterior à linha de onde partiram seus colegas oriundos das famílias de mais posses e mais escolarizadas. Para chegar ao mesmo lugar precisam de mais tempo. Chegam, assim, mais velhos ao ensino superior e precisam de mais tempo para compreender e jogar o jogo. No entanto, tempo é exatamente o que lhes falta, já que são jovens trabalhadores que dependem de seu trabalho cotidiano para sua sobrevivência ou mesmo para a sobrevivência do grupo familiar. Primeiro curto-circuito.

Outra dimensão da desvantagem que o livro documenta vem da própria percepção da sua situação como desvantajosa. Em outras palavras, é ao interiorizarem o julgamento de que são "inadequados" que a situação concreta dos jovens focalizados se volta de fato contra eles e se torna mais extrema. Percebendo com muita acuidade o quanto a universidade, seus cursos e seus professores estão programados para receber um aluno idealizado, os jovens oriundos dos grupos populares não têm alternativa que não seja sentirem-se fora de lugar, devedores eternos de um ideal que, diga-se de passagem, raras vezes é encontrado nos corredores das faculdades e institutos. Vivenciando cada experiência de fracasso ou mesmo de estranheza e desconhecimento como algo que tem explicação na sua condição de aluno pobre, oriundo de família pouco escolarizada, esses jovens veem-se sem condições de questionar o princípio de homogeneidade social em que se baseia a imagem do aluno ideal: por que negar os ganhos que a diversidade social da população de alunos pode trazer tanto para a produção de conhecimentos quanto para o desenvolvimento intelectual da população em foco, na contramão dos melhores estudos sobre a qualidade da educação? Por que organizar a universidade sem cursos de nivelamento que permitam tanto a passagem de alunos de uma área para outra quanto à aquisição de competências específicas cuja construção é muito desigualmente distribuída entre a população? Segundo curto-circuito.

E é assim, de curto-circuito em curto-circuito que Wilson Mesquita de Almeida nos oferece um retrato forte desses jovens, suas famílias, suas histórias como uma contribuição substantiva para se refletir sobre o paradoxo da escola contemporânea: pensada para oferecer mecanismos para a produção da desigualdade a partir da igualdade de oportunidades, a ideia de igualdade de tratamento que sustenta o trabalho pedagógico é justamente o que impede que a igualdade de oportunidades tenha lugar.

Ana Maria Fonseca de Almeida
Faculdade de Educação – FE/Unicamp

AGRADECIMENTOS

À professora Sônia Penin, na época Pró-Reitora de Graduação da USP. Por extensão, à equipe do NAEG – Núcleo de Apoio aos Estudos de Graduação da USP – que me auxiliou fornecendo dados sobre os estudantes, essenciais para a seleção da amostra, nas figuras do professor Adilson Simonis, do Guilherme Mitne pelo tratamento das informações e de Luciana Delfini de Campos pelo atendimento sempre impecável.

Às "meninas" da pós: "Anja" Ângela, "Juju" Juliana, Irany, Evânia, Simone, Leci e Samara. Ao "menino entre as meninas" Zé Antônio. A todos os que compõem a Secretaria do Departamento de Sociologia, meus agradecimentos. Ao professor Sérgio Miceli pela apurada sensibilidade sociológica que propiciou, desde os Seminários de Projetos de Pesquisa, elementos precisos e interessantes. À professora Ana Almeida pela competente e atualizada pesquisadora que é. A interlocução com ambos foi importante para o desenvolvimento do trabalho.

À minha orientadora e encantadora desde os tempos da graduação, professora Heloisa Martins, sábia ao combinar rigor analítico e respeito aos orientandos. Com isso, tem ciência, como poucos, daquilo de que falava um pensador "o mestre possui um saber inacabado e o aluno uma ignorância transitória. Não há saber absoluto nem ignorância absoluta".

Aos colegas do tempo da graduação nas figuras de Clayton, Ivanira e Arlene pelas discussões, sonhos e desesperos. À Sara, ao Fernando "goiano" pela ajuda na manipulação dos CDs e pelo diálogo. Aos colegas dos Seminários de Pesquisa pelas sugestões. À Karla e Ivanira pelo apoio fundamental na realização dos grupos focais.

A todos os meus familiares pela ajuda e amor fraterno – irmãs, irmãos, sobrinhos(as). À minha querida mãe e ao meu pai, que já partiu e deixou lições inesquecíveis. À Karla, companheira nos momentos angustiantes, pela compreensão e exemplo de força e superação.

A todos os professores, colegas, amigos e conhecidos pelos encontros da vida que me proporcionaram, em cada diálogo, sempre absorver algo.

À Fapesp pela bolsa, a qual me permitiu dedicar-me plenamente à consecução deste trabalho.

Aos pesquisados que relataram suas experiências de sonhos, ilusões, angústias, tristezas, alegrias, enfim, a plenitude de suas vidas.

A Deus, força maior.

SUMÁRIO

INTRODUÇÃO

"... Você está andando, para, vê alguém conversando sobre o mestrado dele. Caramba, o que será que esse cara está falando? Você fica dando uma bituca para ver se entende 'olha, ele está falando de tal coisa, nem sabia que podia fazer assim'. Você vê um grupo conversando um assunto interessante, um cara lendo um livro. Você tem uma vivência extrassala." (Eduardo – Física).

"... Só estou indo no horário de aula, né?." (Mário – Geografia).

Este trabalho tem como foco a investigação e reflexão sobre o uso do amplo potencial formativo disponível na USP por um grupo de estudantes com desvantagens socioeconômicas e educacionais. Interroga a **fruição** da USP. Como isso se processa? O que é percebido por tais alunos como possível de apropriação a partir dos condicionantes ligados à sua origem social?

Para explicar essa fruição, os alvos da pesquisa giram em torno da compreensão de três eixos articulados: a **socialização no ambiente familiar**, a reconstrução da **trajetória de ingresso**, buscando compreender quais estratégias foram mobilizadas para ter acesso à USP, quais visões, expectativas, conhecimentos, desconhecimentos, dentre outros aspectos, eles cultivavam antes da entrada e, por fim, um olhar sobre a **socialização universitária** mediante a apreensão das facilidades e dificuldades encontradas no cotidiano, da adaptação à linguagem e códigos acadêmicos, da circulação nos espaços, da realização das tarefas, do contato com colegas e professores. Para além dos conteúdos dispostos nas disciplinas dos cursos, a Universidade de São Paulo proporciona uma multiplicidade de atividades e espaços para o desenvolvimento intelectual de seus alunos: seminários, conferências, cursos extracurriculares, pesquisas, bibliotecas, museus, teatros, dentre outros. Dessa forma, a vida universitária em um ambiente como esse é rica e diversificada, envolvendo vários aspectos e sentidos para além da estrita realização formal do curso. Como se realiza o trânsito no ambiente da USP por esse grupo de alunos?

Atualmente, ainda que por razões um pouco diferentes de acordo com o espaço geográfico, há um olhar mais atento sobre a trajetória de indivíduos pertencentes aos segmentos socioeconômicos desprovidos até o ensino superior. Na França, alguns estudiosos pesquisam a mudança ocorrida em um período de trinta e cinco anos desde a pesquisa seminal de Bourdieu e Passeron (1964) e procuram compreender a transição do "estudante herdeiro" para o "novo estudante" proposto por Erlich (1998; 2004). Em outros termos, o interesse volta-se para o entendimento das consequências do grande crescimento de um novo tipo de estudante, mais diverso e multifacetado em relação aos "herdeiros" que mantinham certas características típicas marcadas pelo cultivo da cultura erudita – literatura clássica, teatro, pintura, dentre outros, tão bem retratadas em Bourdieu (1988). Nesse sentido, houve um deslocamento do olhar para a vida cotidiana dos estudantes – jornadas, modo de vida, relação com o trabalho universitário, maneiras de estudar, financiamento da vida estudantil como alojamentos, alimentação, saúde, enfim, uma série de atividades que conduz, às vezes de certa forma exagerada, a uma defesa de uma "sociologia dos estudantes" dentro do quadro das relações entre educação e sociedade (Cf. Bonnet; Clerc, 2001).

Os estudos em língua inglesa, notadamente no Reino Unido, estão mais centrados no acesso de estudantes – e aqui, guardadas as diferenças, há uma possível aproximação com o contexto brasileiro[1] – pois há uma direção explícita do governo no sentido de ampliar a participação, em pelo menos 50%, dos jovens que estão na faixa de dezoito a trinta anos até o ano de 2010, com a recomendação básica de que tais jovens "necessitam ser recrutados de grupos previamente desprivilegiados, pois a participação entre jovens oriundos de grupos da classe trabalhadora tem permanecido, persistentemente, baixa". (Ross et al., 2003, p. 3).

No Brasil, faz alguns anos, movimentos sociais, intelectuais, pesquisadores e propositores de políticas públicas têm feito considerações sobre o acesso restrito das camadas menos favorecidas da população ao ensino superior. Associado a tais discussões, está o debate atual sobre políticas de ações afirmativas e seus correlatos como cotas raciais e cotas sociais, o qual tem dividido a opinião no país em polos bem delimitados. Neste quadro, pesquisas têm sido realizadas com o objetivo de melhor entender a luta por acesso desses segmentos à universidade, sobretudo as públicas. Encontramos uma série de denominações que procuram designá-los: camadas populares (Nogueira, Romanelli, Zago, 2000; Pavão, 2004), jovens pobres (Sousa e Silva, 2003), segmentos de baixa renda (Dauster, 2003), dentre muitas outras.

A partir de um trabalho de revisão crítica dos trabalhos existentes tanto no Brasil quanto nos contextos francês e inglês, além de um estudo pormenorizado da realidade que escolhi para investigação, verifiquei que no Brasil tínhamos poucos estudos aprofundados sobre a permanência no ensino superior. Mesmo os trabalhos existentes, muito timidamente procuravam chamar atenção no sentido de entender o

---

[1] No Brasil, uma proposta sempre dita e quase pouco levada a sério em termos de políticas públicas é o aumento na faixa dos jovens de 18 a 24 anos – faixa considerada ideal para a matrícula no ensino superior – para cerca de 30% até o ano de 2010, conforme consta no Plano Nacional de Educação. Atualmente, essa taxa encontra-se em torno de 8 a 9%.

processo de chegada ao ensino superior como um todo, ou seja, acesso e permanência como momentos articulados e necessariamente interdependentes. Além disso, quando falavam em permanência entendiam-na simplesmente na acepção de propiciar condições mínimas para que o estudante pudesse frequentar o curso superior, sem colocar em discussão o que, efetivamente, esse mesmo aluno poderia extrair de sua passagem pela universidade. Ou seja, esses estudos não se preocupavam com a análise de como o estudante vivenciava, concretamente, o ambiente universitário[2]. Embora possibilitem reflexões importantes na compreensão dos fatores envolvidos no percurso escolar dos alunos, faltava-lhes a consideração mais detida sobre a vida estudantil na universidade, ou seja, uma reflexão sobre o aproveitamento das oportunidades pelos estudantes com desvantagens socioeconômicas. Cumpre destacar que o estudo desenvolvido por Villas Bôas (2001), em que a autora problematiza as desigualdades sociais **internas** à universidade, já apresentava subsídios para avançarmos em um ponto central: além de ocorrências como restrições ao ingresso, hierarquia interna de carreiras, há a emergência de processos desiguais produzidos mediante as distintas vivências e aproveitamento do curso de acordo com as classes sociais às quais os indivíduos pertencem.

A pesquisa realizada procura deslocar o foco para a investigação de processos desiguais no nível de cada carreira vivenciados pelos diversos indivíduos que nelas ingressam. Essas diferenciações são produzidas mediante distintos modos de aproveitamento do curso, com o envolvimento em pesquisas, a apropriação de equipamentos materiais e culturais, a realização de atividades extracurriculares, além de informações sobre programas de cunho formativo existentes no âmbito da universidade.

---

[2]   Mais recentemente, há um esforço em considerar a permanência conforme podemos ver no trabalho em andamento de Zago (2005).

Procuramos integrar à análise do acesso à universidade aquilo que denomino, provisoriamente, de *permanência efetiva*. Assim designada, pois além da dimensão material que vários estudos apontam, incorpora discussões que perpassam fortemente o trajeto do estudante: o que traz consigo em termos de formação cultural valorizada pelo ambiente universitário; a confrontação com métodos de ensino diferenciados onde podem ocorrer tensões; o aumento das tarefas escolares que exigem uma postura consubstanciada em um trabalho mais independente; os constrangimentos emocionais ao marcar uma entrada em um universo distinto, tecido por intensas mudanças – um novo espaço que rompe com relacionamentos mais sólidos até então existentes em níveis escolares anteriores, uma sociabilidade mais fragmentada com os colegas. Enfim, procura-se percorrer as rupturas e rearranjos que ocorrem quando da entrada na universidade, o que requer uma reestruturação de alguns referenciais na vida desse estudante.

Os capítulos desse trabalho estão inextricavelmente concatenados, permitindo recuperar diversas fases dos entrevistados até a situação atual em que se encontram enquanto alunos uspianos. Foram separados em tópicos delimitados para fins de uma exposição mais estruturada, devido ao grande volume de informações que foram manipuladas. Com isso, pode-se fazer mais facilmente correlações e comparações entre as diversas partes constitutivas da dissertação, sem prejuízo da clareza.

No capítulo I discuto como foi extraída a amostra, os critérios para a seleção dos informantes, as técnicas de pesquisa utilizadas para obter as evidências empíricas, bem como as fontes disponíveis a que tive acesso para realizar o trabalho de campo. Há, também, uma breve discussão/relato da experiência adquirida com os instrumentos utilizados, procurando apontar os limites e as possibilidades dos mesmos. Simultaneamente, faço o registro dos passos efetuados no campo, decisões tomadas no processo investigativo, correções de rota, possíveis interferências pessoais nas interações que tive com os pesquisados, dentre outros pontos correlatos.

No capítulo II, uma caracterização mais precisa dos pesquisados procurando articular vários elementos de suas vidas: a socialização primária, a origem geográfica dos pais e avós, a trajetória ocupacional e escolar de pais e irmãos, como os parentes lidavam com a educação, a relação com irmãos, o percurso escolar e o trajeto profissional dos investigados, o porquê de escolher a USP.

Abordo, no capítulo III, os juízos e decisões da fase anterior ao ingresso, procurando verificar as expectativas e imagens que foram desenvolvidas a partir do instante em que passaram a ter conhecimento do prestígio da Universidade de São Paulo e os atores envolvidos que lhes serviram como suporte de informações e incentivos para que colocassem a USP em seus projetos de vir a ser universitários.

No capítulo IV, um olhar sobre os caracteres decisivos para o ingresso, procurando analisar o processo de "escolha" do curso e os elementos e ações que foram determinantes para o êxito no vestibular.

Discuto no capítulo V as avaliações dos estudantes a partir do instante em que passaram a ser estudantes uspianos: as dificuldades e os caminhos utilizados, as facilidades e vantagens de fazer parte dessa instituição, os constrangimentos e inconvenientes. Ou seja, um olhar mais detido em suas vivências universitárias.

Por fim, no capítulo VI, um olhar mais detido sobre a fruição, o uso da universidade pelo grupo pesquisado. Nesse momento, uma reflexão sobre as diferenciações entre tipos de estudantes presentes na USP e como a universidade lida com alguns pontos essenciais que afetam a vida universitária dos alunos com desvantagens socioeconômicas e educacionais.

Espera-se que o trabalho possa fazer sentido e contribuir, de algum modo, com elementos auxiliares para os estudos sobre acesso e permanência de certos segmentos de alunos presentes no ensino superior brasileiro.

capítulo 1

PROCESSO DE PRODUÇÃO DAS INFORMAÇÕES

1.1 Extração da amostra

Na época da elaboração do projeto de pesquisa, devido ao contato com estudos sobre o perfil socioeconômico dos estudantes das universidades públicas brasileiras, em particular da USP[1], era possível perceber que o público em mente seria extraído de cursos com média ou baixa concorrência pela vaga[2]. Assim, com forte probabilidade, teríamos os cursos na área de humanas, concentrados na Faculdade de Filosofia, Letras e Ciências Humanas – Geografia, História, Filosofia, Ciências Sociais e Letras; Pedagogia, na Faculdade de Educação; Biblioteconomia, na Escola de Comunicações e Artes; Contabilidade, na Faculdade de Economia e Administração. Na área de Exatas, provavelmente algum curso de Licenciatura – Matemática, Física, Química, dentre outros correlacionados. Na área de Biológicas, Enfermagem

---

[1] Ao longo do texto apresentarei algumas dessas pesquisas, sobretudo quando discutir o uso do termo "elite", usado indistintamente por muitos para nomear a classe social dos estudantes da USP. Cumpre lembrar que há algum tempo diversas informações sobre os alunos ingressantes da USP podem ser encontradas no site da Fuvest.

[2] Logicamente, dizer isso não significa que inexista estudante com o perfil social que selecionamos nos cursos mais disputados. Há, embora em número ínfimo. Para uma interpretação sobre o acesso desse tipo de estudante na USP nas carreiras com alta competição pela vaga, ver o estudo de Setton (mimeo).

poderia aparecer como um curso com alguma presença do tipo de estudante que tínhamos em vista. Porém, embora pudesse escolher dentre os mencionados, solicitei um cruzamento de dados socioeconômicos dos questionários – preenchidos pelos alunos no momento do vestibular – ao Núcleo de Apoio aos Estudos da Graduação/ NAEG, órgão vinculado à Pró-Reitoria de Graduação da USP. Esse núcleo é responsável pelo trabalho de sistematização das informações socioeconômicas dos alunos ingressantes. A ideia subjacente era ter, por um lado, uma confirmação sobre o perfil do aluno, pois até então somente tinha elementos obtidos a partir da combinação de diversos tipos de trabalhos e estudos a que tive acesso, muitos dos quais feitos a partir de coletas de dados que não permitiam, operacionalmente, uma comparação ao longo do tempo[3]. Por outro lado, a vantagem de poder fazer uma pesquisa sobre a base de dados de todos os cursos de graduação da USP.

Foram selecionados estudantes que ingressaram na USP, pelo vestibular da Fuvest, no ano de 2003. A justificativa era: os pesquisados deveriam possuir certa vivência na universidade, justamente para explorar os objetivos maiores da pesquisa centrados na fruição dos espaços e atividades disponíveis. Assim, procurou-se um estudante do terceiro ano do curso, nem iniciante nem prestes a concluí-lo. Os alunos precisavam ter marcado as alternativas de grande parte das questões do Questionário Socioeconômico da Fuvest[4] (Anexo), da seguinte maneira:

---

[3]   Inclusive, cumpre reter que no próprio NAEG há alguns estudos sobre o perfil do aluno uspiano feito por pesquisadores de unidades de ensino diversas que apresentam esse obstáculo. Alguns foram feitos com base em critérios de classificação social que sofreram mudanças com o tempo e não houve uma preocupação em adequá-los à realidade atual para efeito comparativo em uma série histórica. Em suma, além da descontinuidade dos levantamentos, há a tarefa de padronização dos critérios utilizados que ainda precisa ser feita.

[4]   A Fuvest é quem fica com os registros dos questionários respondidos. Ao NAEG são enviados eletronicamente o nome do aluno, seu RG e a ficha respondida com as posições marcadas.

- Alternativas 1 ou 3 ou 6 da questão 5; e
- Alternativas 1 ou 4 ou 7 da questão 7; e
- Alternativas 3 ou 5 da questão 8; e
- Alternativas 1 ou 2 ou 3 ou 4 ou 5 da questão 11; e
- Alternativas 1 ou 2 ou 3 ou 4 ou 5 da questão 12; e
- Alternativas 3 ou 5 ou 7 ou 8 da questão 13; e
- Alternativas 3 ou 5 ou 7 ou 8 da questão 14; e
- Alternativas 1 ou 2 ou 3 da questão 17; e
- Alternativas 3 ou 4 ou 5 da questão 20; e
- Alternativas 3 ou 4 ou 5 ou 6 da questão 21.

Algumas palavras sobre o questionário. Como todo e qualquer instrumento de coleta de dados, sofreu algumas limitações devido a alguns tipos de categorias utilizadas. Um exemplo pode ser conferido no nível muito genérico, amplo, de algumas opções presentes nas questões treze e quatorze que versam sobre a situação profissional dos pais – capitalista, funcionário público, funcionário de empresa privada e estatal. Neste caso, não temos como precisar, mais detidamente, o nível profissional efetivamente ocupado pelo pai ou mãe. Outros pontos poderiam ser discutidos, porém cumpre apenas destacar que, como qualquer filtro de dados, apesar de algumas eventuais inconsistências, ele serve de parâmetro ao propiciar um tipo de informação que, bem analisada, permite-nos várias inferências. A tabela seguinte apresenta o resultado do cruzamento solicitado.

Tabela 1 – Número de alunos com as características selecionadas pelo pesquisador e proporção em relação ao número de vagas do ano de 2003 por curso

Código	Nome	Alunos* nº	Alunos* %	vagas
8051	Letras	21	2,5%	849
8021	Bacharelado em Geografia	6	3,5%	170
12032	Bacharelado em Ciências Contábeis	5	3,3%	150
43030	Física Licenciatura	4	3,6%	110
8030	Bacharelado em História	3	1,1%	270
45023	Matemática Licenciatura	3	2,0%	150
8040	Bacharelado em Ciências Sociais	3	1,4%	210
8010	Bacharelado em Filosofia	2	1,2%	170
55041	Bacharelado em Ciências de Computação – São Carlos	1	1,0%	100
14010	Bacharelado em Meteorologia	1	5,0%	20
2012	Direito	1	0,2%	460
11010	Engenharia Agronômica	1	0,5%	200
90010	Licenciatura em Ciências Exatas	1	2,0%	50
23010	Odontologia	1	0,8%	133
48012	Pedagogia	1	0,6%	180

Alunos*: Alunos que apresentam as características selecionadas pelo pesquisador

Equipe NAEG

Fonte: Júpiter

O conjunto dos alunos selecionados para contato foi composto por trinta e nove alunos dos cinco primeiros cursos da tabela anterior – Letras, Geografia, Ciências Contábeis, Física Licenciatura, História.

Um novo procedimento foi realizado. Se antes destacamos um subconjunto do grupo geral de estudantes da USP, foi solicitada ao NAEG a inclusão das questões que não foram consideradas quando da definição dos critérios de seleção dos alunos. Dessa forma, foi possível ter um perfil mais claro do tipo de estudante que estávamos lidando. Algumas comparações com o perfil geral dos ingressantes do ano de 2003 puderam ser, a partir de então, empreendidas. Segue a descrição de algumas confrontações efetuadas entre os dois perfis de ingressantes[5].

Dos trinta e nove alunos, a maioria se concentrou na luta pela vaga da USP, não se inscrevendo em outro vestibular (22 alunos). Conforme veremos mais adiante, um dos motivos é que a condição socioeconômica desfavorável não lhes permitiria pagar uma universidade particular durante alguns anos[6]. Desse modo, antes do *status* de fazer parte da USP, é o aspecto financeiro que marca a escolha dessa universidade.

Quando comparamos aqueles que tentaram duas vezes ou mais o vestibular, os percentuais para o grupo selecionado são maiores (20 alunos) em relação ao perfil geral, o que pode indicar uma maior dificuldade de ingresso.

As questões que incidem sobre o grau de instrução[7] dos pais são esclarecedoras. Os percentuais maiores se concentram na faixa dos que abandonaram o ensino fundamental. Os pais de vinte e cinco alunos abandonaram-no entre a 1ª e 4ª séries e os de oito alunos entre a 5ª e a 8ª. Apenas quatro alunos têm pai com fundamental completo e,

---

[5] Para verificação das frequências das respostas do questionário do grupo geral, consultar www. fuvest.br no seguinte caminho: Vestibular, Estatísticas, Matriculados, ano de 2003.

[6] Essa informação aparece nos grupos focais e entrevistas.

[7] Esse aspecto é decisivo no ingresso do aluno uspiano quando comparado até mesmo com a renda dos diversos ingressantes. Não se configura, porém, como único eixo explicativo. Embora o capital escolar familiar seja uma variável central, outros elementos, conforme veremos, exercem influência no ingresso, sobretudo para os estudantes que pesquisamos.

surpreendentemente, apenas um aluno possui pai com ensino médio incompleto. Para efeito comparativo, no grupo geral dos ingressantes, predominam aqueles que possuem pai com curso superior completo (4.690 alunos ou 47,8% do total). Acresce-se que 837 alunos (8,5% do total) são filhos de pais com mestrado ou doutorado. Quanto à instrução materna, há quadro semelhante com alguns destaques. As mães de vinte e dois alunos abandonaram o ensino fundamental entre a 1ª e a 4ª séries. Entre a 5ª e a 8ª, as de seis alunos. Apenas dois alunos têm mãe com ensino fundamental completo e, destaca-se, cinco alunos possuem mãe que não frequentou a escola[8]. Com referência ao grupo geral, os maiores percentuais são mães com curso superior completo seguido de ensino médio completo.

No que concerne à situação profissional do pai, a frequência predominante é a de aposentado ou pensionista (dezoito alunos), enquanto oito alunos possuem pai sem rendimento. Em relação à mãe, vinte e três alunos têm mãe que não possui rendimento, seguido por dez que possuem mães com aposentadorias ou pensões. Há trinta e dois solteiros e cinco casados. A cor predominante é branca (vinte e cinco alunos) seguida de parda (nove alunos) e preta (cinco alunos).

Por fim, quanto à renda familiar, houve uma distribuição equivalente nas faixas entre R$ 500,00 e R$ 1.500,00 e R$ 1.500,00 e R$ 3.000,00: dezenove alunos em cada uma. Apenas um aluno encontrava-se na faixa inferior a R$ 500,00. Lembro-me de que consideramos, como critério, renda familiar até R$ 3.000,00. Quanto ao grupo geral, a faixa dominante é de R$ 1.500,00 a R$ 3.000,00 (2.525 alunos ou 25,9%) seguida daquela entre R$ 3.000,00 e R$

---

8   Novamente, cabe enfatizar. Julgo tal informação de extrema relevância para análise do acesso e posterior vivência do estudante na USP, porém, conforme veremos no corpo da dissertação, será apreciada como foi a relação dos pais – independentemente do capital escolar por eles possuído – perante os estudos desenvolvidos pelo filho. Como se portaram, se demonstraram interesse nas tarefas escolares, dentre outros assuntos correlatos.

5.000,00 (23,4%). Tal evidência aproxima-se da reflexão que venho elaborando sobre o público uspiano. Há um afastamento dos extremos – tanto das rendas mais elevadas quanto das mais baixas – e uma concentração nas faixas intermediárias com variações por carreira. Ou seja, nem milionário nem excluído como prega o senso comum[9], mas o mediano, com grandes desigualdades de recursos econômicos e, sobremaneira, culturais.

Assim, cabe reter dois pontos essenciais relativos à escolaridade e à situação profissional da amostra dos trinta e nove alunos obtida no cruzamento feito: pais e mães possuem baixo capital escolar e são, em sua maioria, aposentados ou pensionistas.

1.2 Universo de trabalho

Dos trinta e nove alunos que constituíam a amostra selecionada, tentei contato, diversas vezes, com todos. Segue pequena descrição desse momento e dos resultados que culminaram nos participantes da pesquisa.

Dois alunos (um do curso de Geografia e outro de Letras[10]), após várias tentativas, *não quiseram participar de modo algum da pesquisa*, nem dos grupos focais, nem conceder pequenos depoimentos sobre suas experiências. Questionado o motivo, simplesmente disseram que não queriam.

---

[9]   O senso comum acadêmico ou "douto" como preferia dizer Pierre Bourdieu e, também, o senso comum espalhado nas várias esferas sociais, sobretudo aquele presente em alguns meios de comunicação. A propósito, Foracchi, em 1962, ao pesquisar os universitários paulistas, já alertava sobre as "implicações ideológicas de conservadorismo" presentes em ambas às visões que, a meu modo, podem ser expressas tanto na visão romântica – tese da democratização ou, nos tempos que correm, no discurso da inclusão – bem como na visão que identifica a universidade como espaço exclusivo dos segmentos das "classes altas" da sociedade – tese do elitismo econômico (Cf. Foracchi, 1982, p. 64).

[10] Liguei em uma terça-feira. Disse que não queria participar de modo algum. Depois de duas insistências, em conversa com sua mãe, soube que seu filho trabalhava em um hospital no regime de 12 x 36 horas, folgando um sábado e trabalhando no outro.

Dois alunos, *por motivo de falta de tempo livre e demandas no trabalho* não puderam. Um aluno de Ciências Contábeis tinha só o domingo livre e falou que era casado, preferindo nesse dia ficar com a família em casa para descansar. Além do trabalho durante a semana, fazia curso durante o sábado (manhã e tarde), dia e períodos que fiz os grupos focais. Uma aluna do curso de Letras mostrou-se interessada, mas não pôde participar, pois tinha "muitas atividades no trabalho" – trabalha em serviço de ligação gratuita 0800 em uma grande empresa do setor de embalagens.

Não obtive resposta de seis pessoas[11]. Nas várias tentativas, seja por endereço eletrônico ou telefonemas, não consegui estabelecer contato. As situações encontradas foram: números de telefones fora de serviço, que não pertenciam mais a tais estudantes ou que não existiam. Os e-mails sempre retornavam. Tentei verificar no cadastro dos alunos, porém, essa tentativa mostrou-se infrutífera. Isso aponta para um cadastro desatualizado dos alunos ou, dito com maior precisão, um acompanhamento deficiente de verificação constante das informações cadastrais dos alunos de graduação da USP.

Duas pessoas *não puderam comparecer* por conta da falta de encaixe nos dias marcados para realização dos grupos focais, sendo um estudante de Geografia[12] e uma estudante de Letras. Duas pessoas *não compareceram* – uma estudante de Letras no segundo grupo e um estudante de Ciências Contábeis no terceiro grupo.

Ao longo dos contatos para realizar os encontros, pude perceber duas clivagens entre alguns estudantes que restaram. Uma primeira

---

[11]   São quatro estudantes de Letras, sendo duas mulheres e dois homens somados com dois estudantes de Física.

[12]   Cumpre dizer que tal estudante mora no Jardim Eliana, bairro que fica além dos bairros Cidade Dutra e Grajaú, estes já bem afastados da USP. Este aluno pega três conduções de ônibus para vir estudar. Conforme veremos adiante, um dos pontos surgidos nas discussões foi a distância da residência de boa parte deles do campus da USP.

está consubstanciada naquilo que denominei de *superatarefados, sem tempo ou muito ocupados*, pois até mesmo nos fins de semana eles não estavam disponíveis para participar dos encontros. Ao todo perfazem sete pessoas[13]. Duas pessoas desse subgrupo foram entrevistadas individualmente: uma estudante de História e um aluno de Física[14]. A outra clivagem refere-se aos estudantes que estavam com o curso trancado, tinham abandonado ou cancelado a matrícula. Perfaziam quatro pessoas[15]. Dessas quatro, escolhi duas para entrevistar no intuito de explorar os motivos de desistência, bem como retratar suas experiências no período em que foram alunos da USP: uma estudante de Ciências Contábeis e um estudante de Letras. Só consegui entrevistar a estudante de Ciências Contábeis, que, para minha surpresa, também havia feito durante certo tempo o curso de História na USP[16]. Depois de insistir três vezes com o outro escolhido[17], acabei desistindo de entrevistá-lo. Portanto, já nessa fase de contatos, pude ter certa dimensão do perfil social dos participantes, ao constatar a falta de tempo para participação na pesquisa.

Assim, das trinta e nove pessoas, catorze participaram dos três grupos focais e três foram entrevistadas. Ressalto que os participantes dos grupos foram, posteriormente, procurados para complementação de pontos lacunares e aprofundamento das informações discutidas nos encontros. Logo, o universo empírico da pesquisa foi constituído por **dezessete pessoas.**

---

[13] Cinco de Letras, uma de História e uma de Física.
[14] Carolina e Eduardo, respectivamente.
[15] Três de Letras e uma de Ciências Contábeis.
[16] É a Isabela no grupo dos pesquisados.
[17] O problema era, novamente, o horário e dia disponíveis. Trabalha durante a semana e mora em Santo André. Aos sábados e domingos, prefere descansar. Cabe registrar que, por telefone, disse que havia cursado um semestre na USP e desistido **devido à distância**. Em 2003, ele trabalhava em Santo André, morava em Guarulhos e fazia Letras à noite. Essa jornada extenuante, levou-o a abandonar o curso.

Cabe explicar o tipo de amostra com que trabalho, haja vista a confusão e disputa presente em um debate quase interminável entre "quantitativos" e "qualitativos". Embora saibamos que tais técnicas e metodologias de pesquisa só têm a ganhar quando combinadas, demonstrando o amadurecimento e estatura de um pesquisador (Cf. Souza Martins, 1991), algumas diferenças merecem ser apontadas para que se possa ter uma noção precisa do tipo de dados que são manipulados e, mais importante ainda, o que deles podemos extrair e onde eles não podem avançar, dadas as limitações que possuem. O nó da questão é a palavra amostra, naturalmente entendida somente no registro "estatístico". Porém, como aponta Pires (1997, p. 113), em seu sentido amplo, o termo designa qualquer operação que "visa a constituir o corpo empírico de uma pesquisa". Com isso, ataca-se o fulcro do problema, ao mostrar que a diferença entre as metodologias e técnicas operatórias de pesquisas recai na natureza dos dados[18] que estão sendo trabalhados "... deve-se refletir sobre o estatuto dos dados para falar de amostra e não falar de amostra para refletir sobre o estatuto dos dados". (Cf. Ibidem, p. 116-7).

Feita essa distinção, a reflexão para os dados qualitativos recai sobre a amostragem por caso único – local, pessoa – ou amostragem por casos múltiplos. O caminho que segui é uma **amostra qualitativa de casos múltiplos** marcada pela **diversidade intragrupal**, procurando explorar, o mais densamente dentro de minhas limitações, as diferenças

---

[18] Na esteira de argumentação do autor, teríamos que as letras seriam o tipo de dado por excelência da metodologia qualitativa – dados obtidos por meio de entrevistas e outros instrumentos de pesquisa. Por outro lado, o quantitativo trabalharia com algarismos, dígitos, códigos cifrados, em suma, variáveis codificadas. Acredito que Granger (1977, p. 8; 11), de forma mais plena, capta o essencial "... um modelo é quantitativo quando se faz uso da **medida**. Medida, no sentido largo que nós entendemos, é fazer corresponder às operações de cálculos efetuados em um corpo de números, operações empíricas bem definidas para o fenômeno considerado [...] é bom insistir sobre esta distinção trivial, para bem mostrar que um modelo qualitativo não é, necessariamente, um modelo sem números, mas somente um modelo sem medida" [grifo do autor].

e aproximações entre os pesquisados até um ponto em que as informações produzidas permitissem a elaboração de respostas plausíveis à problemática da pesquisa – processo da **saturação empírica** ou também chamada "saturação de conhecimento".

Assim, a grita dos que queixam a falta de representatividade – e, em muitas situações, por extensão, cientificidade[19] – não tem sentido se for tomada de forma convencional. Em termos metodológicos, como aponta Souza Martins (2004, p. 293) "do ponto de vista estatístico, restarão sempre dúvidas acerca da representatividade" de uma pesquisa que se norteia pela metodologia qualitativa. A autora aponta que o questionamento em relação à representatividade está relacionado à generalização da amostra extraída. Pires (Ibidem, p. 129; 150-1) equaciona de forma precisa:

> "... tanto as pesquisas qualitativas quanto as quantitativas são forçadas a flexibilizar sua ligação com o campo para produzir um *conhecimento heurístico*. As duas pesquisas fazem inicialmente uma generalização empírica, mas uma o faz por meio de uma análise estatística [pesquisa quantitativa – indução empírico-estatística] e a outra, por meio de uma análise qualitativa [indução empírico-analítica] (...) nos dois casos, a generalização empírica é só uma etapa intermediária do processo global de generalização (...) o pesquisador qualitativo emprega uma só expressão 'generalização' ou indução analítica para designar os dois níveis de generalização: a empírica e a teórica.
>
> ... a indução estatística ou enumerativa busca na realidade as características que são comuns a um grande número de casos e, em razão de sua generalidade (ou de sua extensão), presume que eles são essenciais para cada caso. A indução analítica, pelo contrário, busca num caso concreto (ou em um **pequeno número de casos**) as características que lhe (ou lhes) são essenciais (ou as proprieda-

---

[19]   Velho debate nas disputas do campo científico, sobretudo na constituição e consolidação das ditas "ciências sociais ou humanas".

des constitutivas) e as generaliza, presumindo que, porque elas são essenciais, **elas devem se aplicar a outros casos similares**." [grifos meus] [itálico no original].

Ou seja, há entradas diferentes de acordo com as metodologias adotadas. De outro modo, mas substancialmente guardando estreita ligação com o delineado anteriormente, tem-se a sugestão de Bourdieu (1996, p. 15), na esteira de Bachelard, do *caso particular do possível* "... não podemos capturar a lógica mais profunda do mundo social a não ser submergindo na particularidade de uma realidade empírica, historicamente situada e datada, para construí-la, porém, como caso particular do possível (...) isto é, como uma figura em um universo de configurações possíveis".

1.3 Grupos focais e entrevistas semiestruturadas

Estão contemplados aqui os passos efetuados, minhas anotações impressivas sobre a interferência da equipe (moderador e duas assistentes) e a experiência obtida com a técnica de pesquisa, sobretudo seus limites e potencialidades.

Dentro das possibilidades, tentei sempre contemplar na formação dos grupos indivíduos dos cinco cursos selecionados na amostra[20]. Além disso, combinar variáveis como gênero, pessoas que moram fora da USP e aquelas que têm sua moradia localizada no campus, e, por fim, mesclar indivíduos com idades diferentes. Nem sempre foi possível fazê-lo. Assim, a montagem dos grupos dependeu fortemente das disponibilidades daqueles que concordaram em participar. Porém, pude dispor de participantes de todos os cursos – homens e mulheres.

---

[20] Lembro que os cursos previamente selecionados com os critérios cruzados foram Letras, História, Geografia, Ciências Contábeis e Física.

Os grupos foram os seguintes: o primeiro grupo foi composto por cinco estudantes[21], sendo um de cada curso. O segundo grupo foi composto por três estudantes[22], um de Letras, um de Geografia e uma de História. Por fim, o terceiro grupo foi composto por quatro estudantes, sendo dois de Geografia, um de Ciências Contábeis e uma de Letras.

Houve limites na minha experiência com os grupos focais. Tais limites, a meu ver, estão inteiramente ligados à presença do moderador e alguns outros aspectos. Ainda que mudemos a forma do moderador se portar perante os participantes, que modifiquemos o clima antes de realizarmos a discussão, que explicitemos o mais detalhadamente o propósito da pesquisa, enfim, por mais que estabeleçamos uma relação de confiança entre os participantes, permanecem constrangimentos que interferem brutalmente no transcorrer da reunião.

Tive a sensação de que, no começo e em alguns momentos da discussão, a proposição das questões do roteiro ficou muito direcionada, ou seja, justamente bem próximo daquilo que a literatura sobre grupo focal desaprova. Realmente, em muitos instantes, a discussão ficou muito centrada na relação pergunta-resposta. Porém, quero ponderar, necessariamente isso não é ruim. Em minha experiência, pude perceber que se as ditas funções centrais do moderador forem preservadas[23], podemos conseguir algo produtivo com essa técnica de pesquisa. Em outras palavras, nem sempre os participantes entram em uma rica interação, com eles mesmos conduzindo a discussão e o moderador sendo um observador que, em alguns momentos, interfere. Isso dependerá de

---

[21] Quatro homens e uma mulher.
[22] Dois homens e uma mulher.
[23] São basicamente três: propor tópicos balizados nos seus objetivos de pesquisa e fazer com que a discussão gire em torno de tais aspectos (ater ao foco de pesquisa); não tomar partido sobre o que é discutido, ou seja, não se posicionar fazendo julgamentos das opiniões emitidas pelos participantes e, por fim, garantir a fala de todos os componentes do grupo.

muitas variáveis que nem sempre se apresentam: se os componentes do grupo tiverem uma confiança muito grande entre eles – aspecto difícil em se tratando de pessoas que mal se conheceram naquele dia – e o moderador; a intimidação que uma situação em grupo pode desencadear em algumas pessoas no que concerne a revelar fatos marcantes de sua vida; a simpatia e antipatia sempre presentes entre os próprios participantes ou entre eles e uma pessoa que os convidou a vir em um sábado em plena USP vazia para discutir com outras algumas questões sobre suas experiências, dentre outros aspectos. Em suma, o essencial é que a interação do grupo por si mesmo teria que ser vista como alvo a ser buscado, senão se transforma em diretriz abstrata. Na realidade, nem sempre é possível obtê-la tal como definida nos livros.

O que podemos extrair da experiência é que ocorreram – como em toda pesquisa – altos e baixos no transcurso do encontro. Houve passagens onde os alvos finais dessa técnica foram atingidos[24]: diálogos travados entre os participantes, com uns elaborando perguntas aos outros; discordância e concordância entre eles; pontos não previstos no roteiro, dentre outros aspectos relevantes. Em outros instantes, foram frontalmente diferentes do prescrito. Mas, argumento, nem por isso deixaram de propiciar revelações para a minha pesquisa. É isso, a meu ver, o ponto que interessa.

Lembro-me de que havia estudado e refletido como deveria me portar durante os encontros. Num desses estudos, havia as sugestões sobre sinais e expressões verbais que o moderador deveria utilizar para que a discussão se desenrolasse de forma mais produtiva. Uma das sugestões – para evitar que o mesmo julgasse os comentários feitos pelos participantes – incidia sobre o uso das palavras. Era permitido "Sim e OK", "Hum" ou "Entendo, compreendo" e proibido, em

---

[24] Em suma, a interação grupal produzindo dados e pistas para a pesquisa constituem o diferencial dessa metodologia operacional. Para mais detalhes, consultar Morgan (1988).

qualquer instante, "Correto, bom, excelente". Usei e abusei de "Certo" e "interessante". Só depois me dei conta. Mas isso interferiu na opinião dos participantes? Tenho evidência que não da forma como a literatura coloca. Dizer "certo", depois de ouvir uma pessoa, às vezes, não indica que você concorde com o que ela falou e sim que você está entendendo o que ela está dizendo.

Fiquei pensando no seguinte: uma hipótese seria o fato de que essa técnica é, sobretudo, ainda muito utilizada na pesquisa de mercado, feita sob outras condições – com sala apropriada para fazê-la, onde se pode observar os participantes sem que eles saibam. Mas acredito que a diferença está no que buscamos nas opiniões emitidas em ambos os casos. Na pesquisa de mercado, o fulcro volta-se para saber, na avaliação do produto/serviço/candidato, qual é a opinião prevalecente. Ou seja, qual é aquela que consegue persuadir o maior número de participantes, quem a emitiu e o que usou para convencer os demais. É sobre isso que será construída a "estratégia". Na pesquisa acadêmica, longe de achar que o elemento de persuasão não esteja presente – esteve e muito na defesa dos argumentos de alguns participantes – o fulcro recai sobre a apreensão da experiência de cada um. Dito de outra forma, não é **só** o que predomina, mas o que foi importante para cada participante. Somente depois pude ter a compreensão dessa diferença sutil no uso da técnica do grupo focal com intuitos acadêmicos[25].

Houve duas situações que manifestam, claramente, não ser possível em algumas situações a interação grupal com os participantes por si mesmos conduzindo as discussões. Mauro apontou para o Robson que perguntou: "minha vez?". Em seguida, eu disse que não tinha esse negócio de "minha vez". E o Mauro, justificando a fala, disse "é que eu apontei para ele falar". A outra foi quando perguntei sobre

---

[25] Para mais detalhes, consultar Krueger (1998).

o porquê da escolha do curso e, tentando fugir de uma ordem que já vinha sendo configurada com o Jonas sempre começando, disse: "alguém quer começar primeiro?". O Robson respondeu que o Jonas sempre começava e o Jonas disse, meio constrangido: "*tô* achando que eu estou intervindo muito".

Mas o essencial, a meu ver, é o duplo constrangimento que a técnica impõe. De um lado, constrangimento criado pela equipe de pesquisa, sobretudo pelo moderador que direciona as questões e pode pedir para alguém aguardar o término da fala, interromper, dentre outros procedimentos. Embora tal ocorrência possa estar presente também na entrevista individual, pareceu-me que, paradoxalmente, em grupo, o controle do moderador exacerbou-se pelo fato de existirem outras pessoas ali presentes. Isso contrastou radicalmente com recomendações dos textos sobre grupo focal que sugeriam diversas técnicas para não perder o controle do grupo: desentendimentos entre os participantes, preponderância de um participante sobre os demais, posicionamento do participante mais falante ao lado do moderador, enfim, evitar situações que pudessem comprometer o desenrolar da discussão. Um segundo constrangimento, o do grupo. Um exemplo ocorreu quando perguntei ao Robson por que ele havia desistido do curso. Senti que ele não se aprofundou mais porque estava em grupo. A assistente Karla também teve a mesma sensação. Enfim, "havia algo ali". Mais à frente, ele acabou dando indicações do motivo da desistência, mas, naquele instante, sentiu-se um pouco ameaçado, meio invadido, para discorrer sobre o assunto.

A falta de concentração e inexperiência em relação a essa técnica – até então tinha experiência com entrevistas individuais – fizeram com que eu repetisse demasiadamente algumas questões ou deixasse escapar a opinião do Mauro sobre a participação nas atividades que ocorrem na USP. Um procedimento simples e eficaz – que foi esquecido por mim no primeiro grupo – foi adotado nos dois seguintes, com bons resultados. Após ter posto o tópico do roteiro para discussão, esperei que todos falassem. Quando surgia algum ponto a ser explorado, anotava-o e perguntava-o depois. Sem dúvida, se isso fosse aplicado já no primeiro grupo focal, algumas passagens teriam sido mais bem articuladas.

No primeiro grupo, permaneci algum tempo entre as questões que discutiam sobre as facilidades e problemas enfrentados na USP e a satisfação com o curso. Um motivo para essa extensão foi ter explorado, talvez em demasia, o ponto sobre o domínio de línguas sugerido na fala do Robson, além do aspecto sobre o nível de exigência que a USP faz a seus alunos. Essa extensão somada ao atraso ocorrido e aos percalços já mencionados, fizeram com que o grupo alcançasse nove das doze questões previstas. Porém, foi produtivo estender tais pontos, pois eles não haviam sido previamente estabelecidos e sim surgiram dos próprios participantes, trazendo aspectos importantes para reflexão.

No que se refere à coesão das questões do roteiro, quando abordamos o tópico que girava em torno da sensação de estar na USP, os participantes fizeram uma avaliação da estrutura da USP – o que estava previsto na questão doze. Isso nos permitiu, no segundo grupo, articular tais questões, além de reordenar alguns questionamentos. Nesse sentido, o roteiro de questões não foi o mesmo para os três encontros, sofrendo algumas alterações.

Contei com a colaboração de duas assistentes. A assistente Ivanira ficou responsável por tomar nota, palavra por palavra, o máximo possível, das ideias centrais discutidas – anotação cursiva. A assistente Karla tomava nota sobre a linguagem corporal dos participantes, além de operar os gravadores. A ideia era que aspectos como concordância, frustração, interesse, preocupação, discordância, hesitação, nervosismo, confusão, dentre outros, pudessem também se expressar mediante outros sinais que não os estritamente verbais. Ressalta-se que consideramos tais sinais como complemento para análise, ou seja, foram conjugados com a análise de conteúdo. Cumpre dizer que sem a ajuda das assistentes, o trabalho com tal técnica perderia muito.

Ao término de todos os encontros, foram apresentados os resumos da discussão, com as assistentes lendo todos os principais pontos discutidos; depois, os participantes foram convidados a oferecerem complementações e correções[26]. Por fim, houve o momento de síntese. Trata-se de uma avaliação feita após os participantes terem deixado a sala. Basicamente gira em torno das seguintes indagações: Como o que aconteceu difere daquilo que esperávamos? Como difere do ocorrido no grupo anterior? – válida somente a partir do segundo grupo. Houve descobertas inesperadas? O que podemos fazer de diferente no próximo grupo?

Tinha em mente, quando da elaboração do projeto e do relatório de qualificação, fazer aprofundamentos mediante o uso de entrevistas somente com alguns dos participantes. Assim, os encontros serviriam como etapa preliminar para tanto fornecer um subgrupo de estudantes que iriam ser sondados até o fim da pesquisa, quanto para orientar a construção das questões que seriam discutidas nas entrevistas. Porém, o transcurso da investigação levou-me a outro caminho. Como não tinha aplicado um questionário fechado antes da realização dos grupos focais – embora, em cada encontro, uma ficha com as características dos pesquisados foi preenchida[27] – realizei contato com todos os par-

---

[26]   Basicamente duas perguntas foram feitas: "Vocês acham que perdemos ou nos esquecemos de registrar algo na discussão?" e " Há algum ponto ou algo a complementar que vocês julgam importante?".

[27]   Ver anexo.

ticipantes dos grupos e, nessa oportunidade, pude complementar[28] dados que ficaram faltando e, também, explorar melhor algumas pistas de pesquisa. Assim, tornou-se desnecessário selecionar apenas alguns casos, pois muitas informações já estavam suficientemente dadas e fazê-lo seria repetir dados já discutidos nos grupos. Relembro que foram efetuadas três entrevistas individuais com estudantes que não puderam participar dos grupos focais. Nessa ocasião, os aspectos discutidos foram os mesmos, além, logicamente, de explorar pontos particulares dessas trajetórias.

Após a dura fase da transcrição, um volume imenso de dados pôde ser obtido. O passo seguinte foi fazer a análise, que contemplou, como sugerido, aspectos sintáticos, semânticos e ligados à linguagem corporal. Os dados foram decompostos e reordenados gerando um conhecimento descritivo da realidade investigada[29]. Nessa reconstituição, foram produzidos **relatos de histórias singulares** por meio de uma combinação das falas e opiniões emitidas sobre as questões de pesquisa e as características pessoais de suas trajetórias. Isso permitiu, já nesse momento, realizar comparações[30] entre os pesquisados, obtendo pontos de aproximação e aspectos diferenciadores. Assim, vários lampejos interpretativos foram gerados. É justamente a síntese de confluências e diferenciações que fornece subsídios para a montagem do quadro explicativo, o qual procura responder à problemática central da pesquisa – a fruição da USP pelos estudantes com desvantagens socioeconômicas e educacionais.

---

[28] Exemplos: hábitos de leitura, trajetória familiar, trajetória no ensino fundamental, o que buscavam fazendo um curso superior, dentre outros pontos pertinentes.

[29] Uma "caracterização empírica ou reconstrução analítica da realidade" no dizer de Fernandes (1959).

[30] Como feito por vários pesquisadores na sociologia: dentre outros, é isso que sugere o método comparativo defendido por Emile Durkheim nas Regras do Método Sociológico ou o raciocínio analógico de Bourdieu (1989).

capítulo II

ESTUDANTES COM DESVANTAGENS SOCIOECONÔMICAS E EDUCACIONAIS

Os alunos e alunas pesquisados estão dispostos na seguinte distribuição por curso, gênero, cor[1] e estado civil: Geografia – quatro homens; Letras – três mulheres e dois homens; História – duas mulheres e um homem; Ciências Contábeis – dois homens; Física – dois homens – e, por fim, um caso particular – uma mulher que fez História e Ciências Contábeis por um período, abandonando o curso depois. Logo, a presença masculina comparece com onze alunos, seguida de seis mulheres. A cor branca é predominante, perfazendo dez pessoas, seguida de parda[2] com quatro, negra com duas e, por fim, um indivíduo que se declarou índio. Catorze pessoas são solteiras, duas casadas, sendo que um dos componentes é casado e possui uma filha de três anos. Há uma estudante divorciada. Todos estudaram, desde sempre,

---

[1] Informação obtida mediante autodeclaração.

[2] O IBGE considera pretos e pardos de forma agregada, classificando-os como negros. Mantenho as denominações nativas. Um dos componentes – Antônio, negro – fez questão de trazer à tona a questão racial, no terceiro grupo focal, quando mencionou o acesso da população negra à USP. Em outras palavras, não defini de antemão a cor/raça como um dos critérios centrais para extração da amostra com que trabalharia. Nada contra quem deseja fazê-lo, porém acredito que o rumo da pesquisa teria outro caráter, por exemplo, discutir estudantes negros na USP. Não foi esse o meu propósito, o que não significa, por outro lado, que não esteja atento a essa especificidade, tanto que pude explorar as opiniões dos pesquisados nas discussões sobre a adoção das cotas raciais na USP.

em escolas públicas, exceção de uma das entrevistadas que cursou o ensino fundamental I em escola particular.

Cabe agora um cruzamento entre vários elementos que foram explorados ao longo da pesquisa e que permite delinear com maior precisão as características de nossos pesquisados.

Um primeiro aspecto é a origem geográfica dos pais e avós. A grande maioria é composta de **filhos de migrantes**: oito pessoas, quase a metade do grupo, possuem ambos os pais vindos de Estados do Nordeste – caso de Marcelo, Lúcia, Clara e Otávio[3] – ou, pelo menos, um dos pais – Ana, Rose, Antônio e Jonas possuem mães nascidas e criadas nessa região brasileira. Além disso, os avós de Mauro são nordestinos. Embora São Paulo constitua a "maior cidade nordestina fora do Nordeste", esta informação, quando cruzada com outros elementos expostos adiante, suscita reflexões que ultrapassam seu aspecto imediatamente descritivo.

Um segundo subconjunto é formado pelos pais vindos do interior de São Paulo. Perfazem seis alunos, sendo que dois têm ambos os pais – Mauro e Gilberto – e quatro possuem a mãe ou o pai vindos de cidades do interior paulista – Carlos, Antônio, Mário e Robson. Três possuem pai ou mãe oriundos de municípios da Grande São Paulo – Isabela, Eduardo e Jonas. Somente **dois informantes possuem pais nascidos na cidade de São Paulo** – a mãe de Carlos e o pai de Mário. O pai de Rose é imigrante vindo de Portugal. Por fim, Ana possui pai vindo do Estado de Roraima, região norte do país. Destaca-se aqui a situação particular de Robson, Carolina e Adauto: ao contrário dos outros que nasceram no Estado de São Paulo, **eles mesmos são migrantes,** respectivamente, do Paraná e de Minas Gerais.

Sem querer tomar tal fato como elemento que por si só explicaria alguns condicionantes da trajetória familiar dos pesquisados, pois é

---

[3]   Os nomes dos entrevistados são pseudônimos para garantir o anonimato.

sua combinação com outros fatores que permitirá fornecer hipóteses mais fundamentadas, é lícito supor que não se trata de algo fortuito, uma mera coincidência. Conclusões de estudiosos das camadas populares brasileiras propiciam indícios interessantes para o caso em tela, embora, cumpre dizer, algumas dessas descobertas estejam muito calcadas em universos empíricos distintos daquele que eu pesquisei: um exemplo é o fato de terem sido realizadas em favelas e em cortiços. Acredito, porém, que alguns traços básicos podem ser proveitosos para esclarecer a questão de certos pais – e alguns filhos – oriundos de cidades pequenas, alguns com experiências restritas ao universo rural, tendo contato com um ambiente urbano somente quando de seus deslocamentos para a capital paulista.

Jerusa Vieira Gomes em seus estudos sobre a socialização no âmbito familiar dos grupos populares, encontrou: "... pais migrantes educam os filhos no meio urbano-industrial, em condições assaz desvantajosas (...) educam os filhos para uma realidade que lhes é, ainda, desconhecida (...) eles ainda estão em processo de adaptação e ajustamento ao novo meio (...) a metrópole que mal conhecem" (1992, p. 100).

Dos pesquisados, a situação vivenciada por Adauto e sua família guardam forte ligação com os indicativos da pesquisa anteriormente destacada, pois ele e os pais foram fortemente socializados num ambiente bem distinto ao encontrado em uma cidade grande. Sua família, oriunda do interior de Minas Gerais, veio para São Paulo em 1994. Em sua cidade natal, desponta o cultivo de café como fonte de renda principal. Foi nessa atividade que todos os sete filhos e o pai trabalharam.

Os casos restantes são de famílias já residentes há mais de trinta anos na cidade de São Paulo, então, seria ilógico supor ainda estarem vivenciando um processo de ajustamento ao meio urbano-industrial. Mas a experiência com o ambiente rural marcou a vida dos pais de

Marcos que foram boias-frias em plantação de cana-de-açúcar em Alagoas. A mãe de Gilberto trabalhou em sua juventude na lavoura, além de seu pai ser, desde sempre, fiscal de usina de cana-de-açúcar. O pai de Robson era agricultor, trabalhando na colheita de café. Assim, os valores cultivados na vida rural são parte de cinco das trajetórias analisadas.

Ao analisar a trajetória ocupacional paterna, pode-se depreender que seus pais possuem modestos recursos econômicos e exercem profissões de status relativamente baixo, porém, cabe aqui guardar, ocupam ou ocuparam cargos que sempre puderam garantir certa regularidade salarial: são filhos de metalúrgicos, motoristas, pedreiros, serralheiro, mecânico de autos, oficial de justiça, agricultores, pequeno proprietário rural, fiscal de usina de cana-de-açúcar e pequeno comerciante. A maioria continua trabalhando, tendo somente quatro aposentados. A trajetória ocupacional da mãe apresenta um quadro mais precário em termos de valorização social das profissões, sendo que o trabalho informal, sem registro, foi a tônica: das que trabalharam fora, a profissão de **doméstica** foi predominante, seguida de costureira, lavadeira (mãe do Robson, certo período após falecimento do pai) e cozinheira (mãe do Gilberto). Com exceção da mãe do Eduardo que possuía um bar em sociedade com o pai, e da mãe do Jonas que trabalhou como auxiliar de serviços gerais na produção de uma fábrica, muitas se dedicaram ao longo da vida a cuidar dos afazeres domésticos como **donas de casa.** Algumas estão aposentadas, outras não conseguiram se aposentar devido a não contribuição ao INSS e a mãe de Mauro trabalha vendendo bolos com o pai.

Quanto à escolaridade, há uma predominância de baixa escolarização tanto materna quanto paterna. Doze dos pesquisados possuem mãe e pai que concluíram o ensino fundamental I, sendo que alguns têm pais com ensino fundamental I incompleto – Adauto, Mário e Jonas. Acima desse nível, os pais de Ana e Rose possuem o ensino fundamental completo. O pai de Robson, já falecido, chegou a concluir o ensino médio. Destacam-se entre os pesquisados, a mãe de Isabela e a mãe de Eduardo com o ensino médio concluído e a mãe de Rose, prestes a concluí-lo. Não é por acaso que essas mesmas mães se distinguiram das demais pela postura de incutir o hábito de leitura em seus filhos, situação que será importante na trajetória deles. Isso confirma o papel da escolaridade dos pais como importante na vida dos filhos, mas não se pode considerar tal evidência como absoluta, pois a mãe de Carlos, mesmo com o ensino fundamental I, teve postura similar às já mencionadas.

Um capital escolar elevado dos pais, embora seja um dos principais trunfos utilizados no espaço educacional, por si só, como variável exclusiva, não é sinônimo de escolarização bem-sucedida dos filhos. Com isso, minha preocupação voltou-se para tentar compreender **como esses pais lidavam com a educação dos filhos**, que importância davam às tarefas escolares, se ajudavam ou não, quais meios mobilizavam; pois, necessariamente, eram desprovidos de recursos culturais e econômicos devido a uma origem social marcada pela fraca – ou quase inexistente – desenvoltura com a escrita. Em outros termos, voltados quase exclusivamente para o trabalho, para o sustento familiar, ainda assim de algum modo eles puderam interferir na formação cultural de seus filhos. Lahire (1997), em sua pesquisa sobre o sucesso escolar nos meios populares, aprofundou as pistas sugeridas por Pierre Bourdieu e procurou repelir o que denominou "o mito da omissão parental", ou seja, verificou que, em algumas situações, pais sem diplomas foram decisivos no desempenho escolar dos filhos. Assim, extrai-se que o interesse dos pais para com o cotidiano escolar dos filhos cumpriria papel fundamental[4].

---

[4] Logicamente, somente quando conjugado a outros fatores tal interesse pode produzir um ambiente favorável a uma valorização e busca de uma trajetória escolar mais longa. Bernard Lahire aponta outros elementos: ordem moral doméstica, autoridade familiar, investimento pedagógico e estabilidade financeira. Conforme se pode ver mais adiante, em minha pesquisa, alguns desses indicativos não tiveram peso decisivo.

A baixa escolaridade dos pais não lhes permitia auxiliar os filhos nos deveres da escola. Como diz Clara "... não tinham instrução para esse tipo de coisa". A despeito disso, um elemento que marca o olhar interessado dos pais – na maioria das vezes da mãe – **é a "cobrança" de ir bem na escola, ter resultados positivos**. Embora restrita a ver os boletins, ir às reuniões quando convocados, a maior parte dos pais demonstrava com essas atitudes suas preocupações. Cumpre ressaltar, ao contrário do que possa parecer, que em vez de ser um elemento de pressão, como ocorre em certos setores da classe média, causa de ansiedade e sofrimento que leva, às vezes, ao fracasso ou a não alcançar as metas previamente visadas, essa cobrança era feita no sentido de incutir o valor da educação como ferramenta para uma vida melhor, mesmo porque tais pais não possuíam informações suficientes sobre o universo escolar[5] que lhes permitisse acompanhar de modo mais detido o percurso dos filhos. Logo, um elemento que atravessa, sem exceção, todos os dezessete informantes é um ambiente familiar favorável, marcado por um desejo de que os filhos atingissem o quanto pudessem os vários níveis de escolaridade, porém, nunca sequer mencionado em termos de imposição nem pressão. Assim, houve para todos o que denomino de **estabilidade emocional**. Expressão maior disso é a fala de Jonas ao marcar o cuidado de sua mãe no relacionamento familiar "... pai e mãe nunca brigaram na frente dos filhos".

Dessa forma, o estudo era sempre ressaltado como algo de muito **valor,** conforme podemos apreender na fala de Jonas "... o lema para os filhos: importante é estudar". Ou seja, na ausência de um capital cultural no sentido que Bourdieu (1999) propõe, sobretudo aquele transmitido na fase de socialização primária, o mais decisivo deles – capital cultural incorporado –, esses pais procuravam manifestar em

---

5   A tônica encontrada nos demais é resumida por Adauto "... o que fizesse era lucro".

suas relações com os filhos, uma boa conduta, pautada pela correção, integridade e valorização da escola. Nesse sentido, se não dominavam um conteúdo cultural, ao menos instilaram uma cultura baseada no esforço e trabalho, expresso quando Antônio diz que seu pai lhe dava "bronca" e chamava sua atenção para o fato de que ele "tinha que ser homem, no sentido de ter uma formação" ou mesmo quando Ana descreve como fato marcante em sua vida o procedimento sempre "muito íntegro e correto" de sua mãe.

Quase a totalidade dos pais só comprava os livros escolares exigidos e nunca leram para os filhos. Alguns, devido à precária condição financeira, nunca receberam de seus pais nem livros, nem revistas. Clara e Mauro são exemplos. A mãe de Mauro evidencia essa postura ativa do preocupar-se com a educação dos filhos "... ela trabalhava em casa de família e ganhava muitos livros escolares. Lembro-me que tinha muita dificuldade nos primeiros anos em ditado. Ela pegava os livros e me fazia treinar a escrita".

Há algumas configurações familiares onde as mães, sobretudo, desempenharam papéis importantíssimos. Primeiramente, pelo fato de terem um papel mais ativo de **incentivo à leitura**, algumas comprando revistas e livros além dos obrigatórios. Eduardo lembra que sua mãe "... dava gibis e livros. Ela sempre me incentivava a ler, sempre gostou de ler". Na mesma direção, destacam-se a mãe de Carlos e a mãe de Rose. Além das idas às reuniões escolares, acompanhavam o desempenho e, ao contrário das outras mães, *auxiliavam nas tarefas escolares e liam* para os filhos. Sem dúvida, tais presenças maternas no que se refere à importância da leitura constituem um dos componentes para compreensão do acesso diferenciado de um subgrupo de alunos[6].

---

[6]   Disposto no capítulo IV, onde a combinação com outros elementos apresenta um quadro que permite entender os mecanismos que favoreceram o acesso desses estudantes.

Não é por outro motivo que a leitura frequente fará parte da vida de alguns desses alunos. Isso pode ser depreendido quando se lembram dos fatos da sua infância. O hábito da leitura, principalmente de enciclopédias, e o gosto de realizar atividades relacionadas ao domínio da linguagem sempre estiveram presentes:

> "... gostava muito de ler e jogar xadrez. Lia de tudo, de quadrinhos a bula de remédio. Lia muito enciclopédias quando ia na casa de meu tio materno, a Conhecer, adoro aquilo lá. Leio muito." (Eduardo).

> "... eu sempre gostei de ler enciclopédias, sempre fui meio curiosa, de querer saber um monte de detalhes (...) sempre gostei muito de ler, de ir ao cinema, teatro. Eu gosto de biografia, de literatura brasileira. (...) tinha uma professora de português que ela era responsável pela biblioteca. Eu sempre pegava as chaves e ficava lá, lendo, era muito comum. Lia de tudo. Com doze anos eu lia a *Metamorfose de Kafka*. Não entendia nada e eu que questionava direto a professora. Eu sempre recorria a essa professora para tirar dúvidas, esclarecer." (Isabela).

Em segundo lugar, alguns indivíduos possuem uma peculiaridade: a ausência da figura paterna motivada por processos de separação e constituição de outras famílias, além de falecimento – caso do Robson, seu pai falecera quando ainda tinha cinco meses de nascido. Como decorrência, se tradicionalmente a mãe responde pela educação dos filhos, nessas situações houve uma intensificação dessa função. As trajetórias de Clara, Eduardo, Carlos[7], Gilberto[8] e Antônio[9] são marcadas pelo breve contato com os pais.

---

[7]   Após separar-se de sua mãe, o pai casou outra vez e tem duas filhas mais novas que Carlos.

[8]   O pai de Gilberto casou duas vezes após separar de sua mãe. Possui seis irmãos. Assim, ele é o caçula pela parte da mãe e o mais velho pela parte do pai.

[9]   O pai possuía três filhos do primeiro casamento antes de se relacionar com sua mãe.

Um caso particular é o de Carolina que foi criada pela avó materna até a idade de onze anos, pois os pais mudaram para a Bahia onde seu pai conseguira passar em um concurso para Oficial de Justiça. Dessa forma, nem pai nem mãe acompanharam seus estudos iniciais. Sua avó era analfabeta, sendo que uma vizinha ia à escola quando necessário. Somente aos doze anos, a contragosto, deslocou-se de Belo Horizonte para morar na Bahia.

Devido aos baixos recursos culturais e econômicos dos pais, os lugares frequentados pelos informantes foram passeios a parques, zoológico, circo e jogos de futebol. Os filhos exercem, no que se refere à transmissão de cultura, o papel dos pais, levando-os ao teatro, cinema e, até mesmo, servindo de exemplo para que eles possam agora retornar à escola: até dois anos atrás a mãe de Clara era analfabeta, ocasião em que iniciou o ensino fundamental I; a mãe de Mauro está cursando a quinta série em um núcleo de educação de jovens e adultos e a mãe de Rose está cursando o ensino médio. Clara resume bem tal situação "... eles trabalhavam muito, não tinham quase tempo conosco. Hoje, ocorre o inverso, nós [filhos] os levamos".

A relação com irmãos propicia alguns elementos importantes para a compreensão do processo de socialização no ambiente familiar desses estudantes. Aqui há, também, algumas clivagens importantes que ligam e separam os pesquisados, formando subconjuntos.

Adauto, Robson, Jonas e Carolina têm uma família extensa, ultrapassando a marca de sete irmãos. Carolina e Robson, respectivamente, com doze e onze irmãos, não por acaso, são aqueles que possuem maior número com baixa escolaridade devido às condições sociais desvantajosas enfrentadas por suas famílias. Além disso, outro traço que os une devido ao pertencimento a famílias numerosas é uma diferença brutal de idade entre os irmãos, o que enseja valores muitos diferentes entre os mesmos. Por fim, ligando-os ainda, há o fato de ambos serem migrantes, ou seja, tiveram que se deslocar de outros Estados brasileiros para trabalhar e melhorar suas condições sociais.

Com exceção de Carolina, todas as outras mulheres da pesquisa são primogênitas. Isso aponta em duas direções interligadas: quando associamos essa situação ao fato de que o trabalho sempre exerceu um forte papel na vida dessas estudantes, verificamos que suas trajetórias estão marcadas por um **sentido forte de responsabilidade, de maturidade**. Além disso, sem dúvida, algumas serviram como modelo ou referência para os outros irmãos e irmãs. Destaco a situação de Clara que, conjugada com o fato de não ter presente desde há muito a figura paterna, acaba exercendo uma forte influência nas decisões familiares. Isso explica porque sua irmã de dezessete anos refaz sua trajetória: estuda em um cursinho em busca de uma vaga na USP.

Ressalta-se que, embora haja muitos irmãos com níveis escolares razoavelmente baixos, há uma predominância de um **nível regular a bom de escolaridade dos irmãos** de quase todos os pesquisados[10]. Essa informação constitui mais um elemento que contribui para o relativo sucesso desses estudantes para conseguir uma vaga na USP quando os comparamos com outros indivíduos da mesma fração de classe que não vivenciam tais características em seu ambiente familiar.

A relação com os irmãos é julgada como boa pela quase totalidade dos entrevistados, às vezes existindo afinidades com uma irmã mais velha – Mauro, Jonas – ou um irmão mais próximo em termos de idade, situação vivida pelo Adauto. Ou ainda, conforme exposto anteriormente, um diálogo onde a "figura do mais velho, mais velha" se faz presente. Entretanto, houve *tensões e constrangimentos* marcados tanto por valores diferentes quanto por discussões motivadas por questões financeiras, mais propriamente, de contribuições para o orçamento

---

[10]   Exceção é a família de Carolina, a mais extensa, com doze irmãos.

familiar. Lúcia e Carolina foram as que mais expressaram uma discordância em termos de valores e gostos pessoais que as diferenciam fortemente das opções dos irmãos. Embora Lúcia tenha mais afinidade com sua irmã, casada e com dois filhos, expressa "... mas, em termos, na verdade todos nós somos muito diferentes, temos valores diferentes, gostos diferentes". Ela não diz, mas fica implícito, um possível descontentamento com o fato de a irmã ter abandonado a faculdade ao ficar grávida. No caso da Carolina, trata-se de uma ruptura com a "ignorância" de seus irmãos, os quais não possuem senso crítico[11].

"... Wilson: Outros familiares que você tem falam alguma coisa a respeito do curso? Carolina: Eles não sabem nada. Eu tenho uma sobrinha que, coincidentemente, está fazendo História lá em Belo Horizonte, em faculdade particular. Wilson: Ela é o único canal que você tem para discutir um pouco? Carolina: Sim, exatamente. Falar mais ou menos uma mesma linguagem (...) **é que eles têm uma outra visão do mundo.** Wilson: Por que você acha que eles têm uma outra visão? Carolina: Eu não sei, minha família é tão estranha, tão esquisita. Tem gente de tudo quanto é jeito. Meus irmãos são tão estranhos. Wilson: Como assim? Carolina: É uma diferença gritante, não só de geração. É uma **mentalidade tão simplória.** Wilson: Como você lida com isso? Carolina: Eu me igualo ao nível deles *pra* poder conversar. Você fala de **banalidades, da vida particular deles**, de problemas do cotidiano. Wilson: Como é isso *pra* você internamente? Carolina: **Isso me incomoda** porque eu queria mais *pra* essas pessoas. Queria que essas pessoas pudessem [pausa] sei lá, é tão difícil. **Não está no fato de ter ensino superior**, está na **personalidade.** Uma pessoa meio com a mente tacanha. É feia a palavra, mas é. Simples demais, ignorante demais em determinados aspectos. São pessoas ótimas, por isso eu acho que mereciam mais."

---

[11] Em outra passagem, quando discorre sobre seus colegas de trabalho, ela deixa bem claro esse ponto "Carolina: Porque falta um senso crítico de... Wilson: É a 'capacidade' que você estava falando? Carolina: Isso. É a capacidade de ler alguma coisa, de pegar a informação, de ter uma outra posição diante daquilo".

Outro ponto de tensão na relação com os irmãos aproxima a vida de Antônio e Isabela. Antônio diz que houve diversos desentendimentos com seus dois irmãos ocasionados pelo fato de ambos possuírem uma baixa participação financeira no orçamento familiar: o mais velho trabalha como funileiro, tem quarenta anos e é solteiro. O outro é cabo do Exército. Antes de se casar, era Antônio quem mantinha a casa. Agora, mesmo casado e com filha, ainda contribui para o sustento do lar, onde seus irmãos vivem com sua mãe. Ele diz não concordar "com o modo de pensar dos irmãos". Na mesma direção, Isabela diz que seu irmão sempre foi "... muito egoísta, nunca ajudou em casa". À semelhança de Antônio, mesmo morando fora de casa ela ainda ajuda os pais.

A trajetória no ensino fundamental também possibilita um olhar mais apurado sobre algumas clivagens entre os pesquisados. Cabe percorrer os diversos caminhos trilhados e relacioná-los a outras variáveis como consumo cultural, papel da religião, relação com professores, irmãos, dentre outros, que serviram como modelos, referências ou auxílio para uma trajetória escolar sem muitos sobressaltos.

Um primeiro subgrupo possui uma boa impressão das escolas onde estudaram: Eduardo, Isabela e Carlos. Alguns deles expressam a qualidade do ensino que tiveram em boas escolas públicas, sobretudo a atuação de ótimos professores como aponta Eduardo "... as escolas eram muito boas. Tinha uma excelente professora de Matemática, caso raro hoje em dia". Na mesma direção, Isabela se lembra do papel ativo de sua professora de português, a quem sempre recorria para tirar dúvidas sobre leituras a serem feitas "... ela falava: esse livro é mais complicado, leia daqui a uns três anos". Carlos faz uma defesa entusiasmada dessa época, salientando a relação com colegas para a realização de trabalhos como uma experiência fundamental em sua formação educacional.

"... na minha lembrança está guardada a imagem de professores dedicados que queriam passar conhecimento e tinham amor à sua profissão e ótimas turmas de colegas que se ajudavam e cresciam junto no âmbito intelectual e pessoal. Aprendi com a diversidade de estilos e tive momentos de alegria e aprendizagem a cada aula e, principalmente, em trabalhos em grupos que despendiam reuniões extraclasse na casa de alguns colegas, gerando momentos de muita descontração e trabalhos memoráveis." (Carlos).

Em contrapartida, dois estudantes manifestaram uma visão negativa das escolas em que fizeram o ensino fundamental e, também, o médio. Mário diz que fez o ensino fundamental em boas escolas. Mas no primeiro ano do ensino médio teve "dificuldades de aprendizado". Com exagero diz que completou o ensino médio em uma escola onde "... os três anos letivos foram de greve". É Rose, porém, que expressa um maior descontentamento com a qualidade da escola pública "... fiz o ensino básico e médio em escola pública. Ensino baixo e estrutura física de péssima qualidade. Até a 8ª série estudei no Jardim Veloso, periferia de Osasco. No ensino médio fui para o centro, onde a escola era um pouco mais segura, porém, de péssimo ensino".

A trajetória nos níveis anteriores de ensino nem sempre foi harmoniosa. A família de Robson migrou para São Paulo, vinda do Paraná, em 1974. Tinha onze anos e estudava em uma escola no bairro de Pinheiros. Devido às dificuldades financeiras enfrentadas pela família nesse período de transição, ele se lembra de fatos dolorosos que o abalaram profundamente: como não tinha dinheiro para a compra de livros e uniformes, ficou uma semana sem ir à escola; usava a mesma calça de um ano para o outro, sendo motivo de "chacota" e brincadeiras feitas pelos colegas de classe; precisava ter sapato preto e ele só possuía o marrom, como expediente passava graxa preta; percebia que tinha miopia, mas não usava óculos por falta de dinheiro.

Foi um período extremamente dolorido, no qual as condições sociais provocaram reflexos psicológicos profundos "... foi uma época difícil. Eu me lembro que meus irmãos faziam orçamento, quanto cada um ia dar" forjando uma *personalidade repartida*, dividida entre o desejo de suprir suas necessidades básicas e a angústia de que isso poderia causar problemas em uma situação familiar economicamente precária "... nunca fui uma pessoa de ficar pedindo coisas, **não tinha que ficar dando despesa**". No mesmo sentido, Adauto "perdeu" o ano quando sua família veio para São Paulo e Antônio na 2ª série, ao ser repreendido na sala de aula e ter ficado com vergonha dos colegas, acabou abandonando a escola.

Outra clivagem marca a trajetória de alguns estudantes que tiveram destaque no ensino fundamental, tidos como alunos-modelo: Antônio, Gilberto, Mauro, Otávio. Os professores incentivavam Gilberto a prosseguir os estudos, pois o achavam bom aluno. Antônio recebeu um prêmio entre os alunos do município de Francisco Morato após ter tirado o conceito máximo durante o primeiro bimestre da 6ª série "... foi o melhor momento da minha vida". Otávio era o "exemplo da escola", aquele que tirava as maiores notas. Acredito, porém, que Mauro resume bem esse subgrupo "... a lembrança mais marcante é que me consideravam um **gênio** na escola. Era uma coisa absurda: todos os professores me conheciam, falavam de mim até em horários em que eu não estudava".

Alguns pontos comuns são interessantes, notadamente quando associamos a religião de alguns e o gosto cultural. A religião evangélica permitiu a Mauro e Robson compartilharem gostos ligados à cultura erudita. Ambos cultivam a música erudita. Mauro toca flauta transversal no tempo livre que dispõe, além de ler livros e dormir. Robson frequenta concertos e cinema e, devido à religião professada desde cedo no âmbito familiar, a leitura da Bíblia era constante "... cada um tinha uma Bíblia em casa".

Os irmãos tiveram presença marcante ao servirem de modelos durante o ensino fundamental para alguns dos pesquisados. Assim, quem formou culturalmente Gilberto – marcado pela ausência paterna desde cedo – foi um segundo irmão mais velho que trabalhava como gerente de um restaurante "... tinha o hábito de trazer jornais para casa. Foi quando aprendi a ler histórias em quadrinhos, esse meu irmão colecionava, e também fazia palavras cruzadas". Otávio sempre se espelhou na trajetória da irmã, que também fez Contabilidade na USP. Mauro aponta seu irmão mais velho como referência fundamental na sua dedicação aos estudos "... meu irmão mais velho estudou no SENAI e sempre me incentivou a estudar. Num tempo em que ter um curso profissionalizante era um fator de sucesso, isso me atraía para o estudo".

Todos os pesquisados, sem exceção, são **trabalhadores**: a maioria em tempo integral[12], e alguns trabalham aos domingos e feriados, como é o caso de Carolina. Assim, se o trabalho sempre foi marca constante no âmbito familiar devido às suas condições sociais desfavoráveis, conforme pode ser verificado se analisadas as ocupações dos pais e mães, alguns trabalham desde muito cedo[13] **para seu sustento e ajuda no orçamento familiar[14]**. Em alguns casos, já constituíram suas próprias famílias – Antônio e Mauro – ou são responsáveis pelo orçamento da casa – Carolina, Eduardo e Robson.

"... Wilson: Você trabalha e contribui em casa? Carolina: Eu sustento uma casa. Sou mãe de família, mas não tenho filhos. Eu moro

---

[12]   Marcos e Robson trabalham em um regime de folgas de alguns dias, Adauto e Gilberto trabalham meio período.

[13]   A fala de Adauto resume bem a trajetória de alguns: "... aos doze, treze anos, éramos [ele e irmãos] pequenos homens".

[14]   Sposito e Andrade (1986, p. 11), em pesquisa sobre alunos de cursos superiores noturnos numa faculdade particular, também já haviam encontrado tais características "... para este aluno do curso noturno, o trabalho é uma necessidade precoce determinado por motivos econômicos ligados às estratégias de sobrevivência familiar".

com uma irmã que está desempregada há dois anos praticamente (...) ela está desempregada há um tempão. Ela trabalhava em bingo, tem quarenta anos. Wilson: É aluguel? Carolina: Graças a Deus não, a casa é dela. Wilson: Então ela fica em casa, faz as coisas e você ... Carolina: Exatamente. Água, luz, telefone, todas as ... tudo, tudo, convênio médico, tudo."

"... ela [mãe] compra arroz, feijão, mas qualquer coisa diferente eu que coloco em casa. É um gasto violento no final do mês." (Eduardo).

Uma breve incursão pelas trajetórias ocupacionais dos pesquisados – abaixo delineadas – aponta que os nossos informantes aproximam-se da definição feita por Hirano (1987, p. 84), ao empreender pesquisa sobre algumas características dos estudantes uspianos "... uma parte dos alunos da USP apresentaria uma condição institucional diferenciada, **anterior à condição de estudante**: é estudante sendo, **antes de tudo, trabalhador**. Nesta situação, ele pode ser responsável ou não pelo orçamento familiar. Neste caso, ele pode ser pai ou apenas um membro dessa unidade familiar. Diferentemente, pode ser totalmente autônomo, um ser apartado da família" [grifos meus].

Logo, os alunos pesquisados podem ser denominados **trabalhadores-estudantes,** possuindo uma dupla condição ao combinar jornada longa de trabalho e estudo à noite, diferenciando-se assim de outros grupos de estudantes da USP: tanto em relação ao estudante dos anos sessenta, que mantinha uma forte dependência econômica da família segundo a pesquisa de Foracchi (1982), quanto de alguns grupos que somente se dedicam aos estudos ou, mais decisivo para a situação em tela, estão livres da necessidade inadiável de trabalhar para sobreviver[15].

---

[15]   Essa discussão encontra-se mais desenvolvida no capítulo VI sobre a fruição da USP, onde há uma delimitação precisa entre a "elite" – que somente se dedica aos estudos, possuindo um tempo liberado da necessidade de trabalhar – e grande parte do grupo que analisei, o qual

Ainda que com variações, todos começaram a trabalhar desde muito cedo. Dos nove aos quinze anos, Adauto trabalhou na zona rural em atividades como preparar a terra, plantar e colher café, milho e feijão. Já em São Paulo, foi ajudante de marceneiro – lixando peças, ajudando a cortá-las e passar cola. Clara e Eduardo iniciaram aos doze anos. Entre os doze e quinze anos, ela foi babá, quitandeira e doméstica[16]. Ele começou como balconista no bar dos pais, onde trabalhou até os dezesseis anos. Dos dezessete aos vinte, foi vendedor em uma loja de móveis do tio materno. Esses trabalhos não tinham registro em carteira, situando-se na *informalidade*. A partir dos quinze anos, Clara conseguiu trabalho formal na área de Contabilidade. Após oito anos na mesma empresa, passou pelas funções de auxiliar, assistente, analista e hoje é gerente contábil. Eduardo atua como professor – cursinhos e aulas particulares. Adauto, já na universidade, no segundo semestre, conseguiu uma Bolsa Reitoria[17]. Trabalhava fazendo pesquisas de periódicos durante vinte horas semanais. O tempo máximo da bolsa é de dois anos, logo, foi encerrada em 2005. Atualmente, a contragosto, voltou a trabalhar com marcenaria durante quatro horas diárias e está pleiteando Bolsa de Iniciação Científica na FAPESP, na área de Literatura Brasileira.

Gilberto, aos treze anos foi empacotador. Aos quinze, auxiliar de atacado (separava mercadorias) e, aos dezenove, auxiliar de escritório (cadastro de produtos, códigos de barras, preços). Atualmente é

---

denomino "trabalhador". Cumpre dizer que há uma clivagem entre eles: Gilberto, Marcos e Adauto, devido a uma combinação de aspectos como trabalho em jornada parcial ou com folgas, moradia no campus, interesse em participar de pesquisas ou prosseguir na carreira acadêmica, dentre outros elementos, afastam-se das outras trajetórias analisadas em alguns pontos essenciais no que se refere à fruição dos espaços e participação de atividades na universidade.

[16] As trajetórias de Ana, Clara, Isabela e Lúcia apontam que as mulheres começaram a trabalhar cedo. Nesse sentido, contrasta com resultados de pesquisas feitas no campo juventude e trabalho. Para mais detalhes ver Souza Martins (2001).

[17] O que foi importante para colocar em seu horizonte a carreira acadêmica. Como será visto mais adiante, uma oportunidade de "deixar" o tipo de trabalho em que até então vem atuando.

estagiário em um Núcleo de Educação de Adultos na USP, trabalha três dias por semana em um total de dez horas semanais. Recebe uma bolsa[18] pela função. Ana, dos catorze aos dezessete anos fez estágio na Caixa Econômica Federal. Desde os dezoito, é secretária em uma empresa de máquinas e ferramentas. Isabela, aos quinze anos, ao entrar no colégio técnico trabalhou durante dois anos em uma revendedora química. Depois foi para uma empresa de material filtrante. Na época em que em iniciou seu primeiro curso na USP – História – era recepcionista na empresa aérea TAM e, ao mesmo tempo, trabalhava em uma empresa de seguros na função de operadora de atendimento. Atualmente é analista financeira. Antônio, Lúcia e Jonas começaram aos dezesseis anos. Lúcia iniciou como estagiária na área de contabilidade. Aos dezessete, foi caixa de uma lanchonete no shopping. Após ter iniciado aos dezoito anos como auxiliar administrativa, alcançou o cargo de supervisora. Antônio, aos dezesseis, foi repositor de estoque. Durante oito anos atuou como autônomo dando aulas de informática e trabalhando em um curso. Aos vinte e cinco anos passou em um concurso que é sua função atual, secretário de escola. Jonas, desde os dezesseis anos, está na mesma empresa, portanto, há dez anos, tendo evoluído de *office-boy* até sua função atual que é assistente de departamento pessoal. Carlos, aos dezessete anos, após ter concluído curso profissionalizante, foi mecânico de usinagem. A partir dos vinte anos, conseguiu um estágio na área contábil em uma empresa do ramo de telecomunicações, local em que ficou durante um ano, transferindo-se para a SERASA, já como funcionário efetivo na função de analista de balanços. Carolina trabalha desde que veio para São Paulo, aos dezenove anos. Começou como auxiliar de escritório, depois passou a trabalhar na área de comércio – em shopping – como

---

[18]   Bolsa Trabalho. Valor de um salário mínimo.

vendedora, sua profissão atual. Mauro trabalhou em uma empresa de isolamentos térmicos durante três anos, época em que fazia o curso técnico. Depois, fez estágio em uma fábrica de parafusos e foi para a área de Engenharia, seu emprego atual.

Alguns não informaram a idade em que começaram a trabalhar: Rose, Otávio e Robson. Otávio trabalhou em loja, na contabilidade de uma empresa e em um Banco. Atualmente trabalha em uma grande empresa que atua no ramo de óleos vegetais. Rose sempre trabalhou na área de produção gráfica. Robson passou em um concurso para escriturário em um Banco estatal. Trabalhou durante dezesseis anos nesse banco e, quando de sua privatização, entrou no programa de demissão voluntária. Após dois anos, passou em um concurso da Polícia Civil.

Quando relacionamos os trajetos ocupacionais, alguns pontos permitem ligá-los e, a um só tempo, diferenciá-los de outros indivíduos de origem similar: primeiramente, com exceção dos três primeiros que iniciaram a vida profissional na informalidade, os demais, sem exceção, já iniciaram em *empregos registrados, trabalhos formais*. Além disso, estão há um bom tempo nas empresas – algumas situações, inclusive desde que iniciaram a vida laboral – em que atuam ou não tiveram muita rotatividade. Um elemento correlacionado marca um segmento de pesquisados que fizeram cursos técnicos, qual seja, a presença de *estágio* na vida de Lúcia, Carlos, Mauro e Isabela. Destoa a trajetória de Marcos que, embora tenha feito curso técnico, na época trabalhou como corretor de planos de saúde e vendedor de revistas. Na mesma direção, há a figura dos "concursados": Mário[19], Robson e Antônio. Ou seja, garantir um emprego que permitia certa seguran-ça. Sem dúvida, tais aspectos conferem certa estabilidade para esses

---

[19]   Antes do seu trabalho atual em um Banco privado, passou em um concurso na Secretaria de Administração Pública do Governo de São Paulo. Deixou-o porque "... ganhava muito mal".

jovens, segmento populacional mais afetado pelo desemprego nesses tempos sombrios[20].

Um outro aspecto explorado no decorrer da investigação e que auxilia na caracterização desses estudantes aparece quando da "escolha" da universidade. Em outras palavras, por que a USP nos seus projetos e desejos de vir a ser universitários? Em primeiro plano, antes mesmo do prestígio e distinção dentro do sistema de ensino superior brasileiro, é a **gratuidade das universidades públicas** que aparece como condição primeira. Assim, conclui-se que, devido às condições financeiras desfavoráveis para suportar um pagamento de um curso superior, a instituição pública de ensino constitui **local único no projeto de ser universitário para esses indivíduos**. Essa evidência me permite fazer objeções à afirmação corrente – e a meu ver, estreita – de que as camadas menos favorecidas ou "pobres" estão somente alocadas nas particulares e excluídas das públicas. É exatamente o contrário: pelo fato de ser **gratuita,** é lá onde o pobre, o excluído, o desfavorecido, o popular, de baixa renda, dentre outras designações, pode ter guarida, já que, em um país extremamente desigual, recurso financeiro ainda é grande obstáculo quando articulado com o acesso educacional. Essa descoberta confirma o que outras pesquisas já encontraram sobre o perfil "menos privilegiado" do aluno das universidades públicas, conforme podemos apreender do estudo conjunto de Sampaio, Limongi, Torres (2000).

Além disso, há um outro elemento a destacar que aparece bem configurado na trajetória de Mauro: trata-se da oferta de um tipo determinado de curso, caro em termos da infraestrutura que exige e que não oferece retorno rápido em termos de lucro, o que acaba afastando o ensino superior privado. Após concluir um curso tecno-

---

[20] Cf. Pochmann (2000); Souza Martins (2000).

lógico na FATEC, ele pensava em fazer Física em uma escola técnica federal, pois esta era próxima de sua moradia e ele já tinha conhecimento sobre esse centro de ensino. Entretanto, o **curso de Física, no horário noturno somente teria na USP.** Lembremo-nos que embora a Universidade de São Paulo já mantivesse cursos noturnos praticamente desde a sua fundação, foi só a partir de 1989 que as universidades estaduais paulistas passaram a cumprir a exigência legal – presente na Constituição do Estado de São Paulo, artigo 253 – de dispor de um terço das vagas de seus cursos no período noturno[21]. Logicamente, considerando toda a rede federal de ensino superior, o quadro é diferente, fato que leva vários estudiosos, dentre os quais alguns ex-reitores, a defenderem uma expansão maior das vagas no período noturno como uma política efetiva de ação afirmativa para os segmentos mais desfavorecidos da população.

Assim, excetuando-se o caso de Eduardo, que antes de fazer o vestibular para a USP, já fizera dois anos do curso de Matemática em uma faculdade particular, abandonando-a justamente porque ficou desempregado e não tinha como saldar as dívidas contraídas, os pesquisados expressam que a universidade pública aparece como único refúgio possível. Na cidade de São Paulo, com exceção da Universidade Federal de São Paulo – antiga Escola Paulista de Medicina – que está centrada nos cursos de ciências biológicas e de alguns cursos de artes e música da UNESP, o que resta é a USP em termos de ensino superior gratuito. Acresce-se que há, também, a FATEC, que oferece cursos tecnológicos de nível superior, geralmente com duração de três anos voltados à formação profissionalizante – modalidade distinta dos cursos de bacharelado e licenciatura.

---

[21]   Para maiores detalhes a respeito das consequências dessa disposição constitucional, ver o artigo de Catani, Oliveira, Oliveira (1997).

"... eu nunca prestei vestibular para escola particular. Vou estudar na USP, na UNESP ou em alguma dessas universidades públicas." (Jonas).

"... eu ia falar que a minha vida é igual a do Mauro assim ... não tinha condições financeiras também e aqui fosse bom ou fosse ruim, teria que ser aqui mesmo porque era o curso que eu quero, era o único lugar que eu poderia fazer gratuitamente." (Ana).

"... eu fazia cursinho e as pessoas me perguntavam: mas você não vai tentar outra faculdade? Eu falei: não, **não dá.** Eu até falei assim: não, eu vou passar (Robson).

"... pensei ... e agora? ... eu era pobre e o único lugar que eu podia [sic] fazer era na USP. Nem me preocupei **se a USP era boa ou não era.**" (Mauro).

... quero fazer faculdade, mas não quero pagar." (Marcos).

Ressalta-se, ainda, outros aspectos que permitem diferenciar esse segmento que tomei como foco de estudo. Muitos dos indivíduos analisados **dependem** de serviços considerados básicos para uma vida estudantil[22]: livros e uso de computador aparecem como fundamentais. Ou seja, quando articulo esse fato com a "escolha" motivada pela gratuidade já delineada, pode-se concluir que há um reforço do papel que representa a existência da USP ou outra instituição pública, sem a qual, a meu ver, muito dificilmente estaria em seus horizontes a possibilidade de fazer um curso superior.

Cabe apresentar dois outros pontos que iluminam melhor quem são esses indivíduos que conseguiram vagas na USP. Além de estarem alocados em cursos de baixa concorrência, ainda assim, alguns desses alunos fizeram várias tentativas de ingresso na USP[23]. Interligada

---

[22]   Essa reflexão aparece desenvolvida no capítulo V, item 5.2.

[23]   Essa questão encontra-se em sua plenitude no capítulo IV, onde faço a reconstituição das ações mobilizadas para ingresso na USP, "escolha" do curso, justificativas dadas para os que não conseguiram obter sucesso nas carreiras desejadas inicialmente, além das clivagens existentes entre alguns subconjuntos de alunos.

a isso, aparece a idade com que conseguiram ingressar na USP: de todo o grupo, apenas Gilberto e Carlos estavam situados em uma faixa etária relativamente próxima de quando terminaram o ensino médio – ambos com dezenove anos. Devido a uma série de percalços em suas trajetórias, outros obtiveram um ingresso tardio: entrada na primeira série com oito anos e repetição da segunda série no caso de Antônio, perda de um ano quando migrou para São Paulo na situação de Adauto, vários anos de cursinhos, além das tentativas frustradas de alguns para entrar em cursos mais concorridos.

No transcorrer da investigação, por meio de recuos e avanços, optei por classificar os indivíduos que pesquisei como **estudantes com desvantagens socioeconômicas e educacionais,** a fim de marcar a diferença com outros grupos de alunos da USP que possuem vantagens socioeconômicas e educacionais. Nos capítulos seguintes, tais desvantagens poderão ser ainda mais aquilatadas. Entretanto, se em relação ao típico ingressante dos cursos mais concorridos estão em posição dominada, cumpre salientar que estão mais bem posicionados quando comparados às frações da classe a qual pertencem. Logo, parece acertado dizer que eles são **pobres diferenciados** se se quiser usar uma linguagem menos precisa, sociologicamente falando, para entender mais profundamente a realidade de uma universidade onde alguns segmentos da classe média têm o "sentido do jogo"[24] bem desenvolvido e conseguem estabelecer uma hegemonia na luta pelas vagas, sobretudo nos cursos mais disputados.

Em outras palavras, quando articulamos os vários planos que foram trabalhados na pesquisa, voltamos à imagem clássica, já há muito conhecida e antevista por Bourdieu e colaboradores (1999, p. 43) "...

---

[24]   Termo utilizado por Bourdieu em sua discussão sobre a noção de habitus. Utilizo-o nesta passagem para denotar a compreensão mais apurada que alguns grupos sociais possuem em relação a outros nas disputas travadas em alguns espaços.

também os filhos da classe popular que chegam ao ensino superior parecem pertencer a famílias que diferem da média de sua categoria". Logicamente, com as especificidades do contexto empírico, as quais passo agora a apresentar.

capítulo III

A USP ANTES DO INGRESSO

3.1 Informações e Incentivos

A Universidade de São Paulo possui grande reconhecimento na sociedade brasileira devido ao prestígio de ser um espaço de excelência que congrega os mais variados ramos do saber. Como bem expressou Carlos, a publicidade já está garantida de antemão "... não tem como não conhecer. Mesmo sem divulgação, mesmo sem mídia, a mídia é o vestibular".

Entretanto, quando percorremos mais detidamente as trajetórias pesquisadas, podemos perceber clivagens entre elas no que se refere às informações sobre a USP, o que permite uma maior precisão sobre os atores que foram fundamentais nesse aspecto.

O núcleo familiar foi essencial na vida de três alunos. A *mãe* de Mário soube da existência de um cursinho pré-vestibular gratuito que funcionava dentro do campus uspiano. Tratava-se do cursinho da Poli, o qual usava as salas de alguns cursos da Escola Politécnica.[1]

---

[1] Nessa época, em 1995, o cursinho da Poli usava o material do curso Anglo Vestibulares. O aluno passava por duas etapas: tinha que atingir a nota de corte em um teste de conhecimentos gerais que abarcava o conteúdo das matérias do ensino médio e, depois, ser aprovado na entrevista onde era avaliada sua condição socioeconômica. Após conseguir a vaga, pagava o custo das apostilas.

O fato de estudar em um curso preparatório que funcionava na universidade permitiu-lhe contato diário com as instalações e pessoas que já eram alunas, contribuindo, em muito, para nutrir suas expectativas e desejos de acesso "... quando você *tá* fazendo cursinho aqui dentro ... pegava o ônibus que era o Jaçanã ... ele passava em todas as faculdades, então você vai olhando, já vai criando aquele ambiente **'puta meu, entrar na USP deve ser legal'**. Ficava conhecendo todas as faculdades e entravam alunos também que já estavam aqui e aí, ficava ouvindo as opiniões dos alunos ... fiquei com aquela ideia ' ... vou entrar na USP (...) com aquela vontade, aquele desejo, tem que entrar, tem que entrar'." (Mário).

As *irmãs* foram decisivas nas trajetórias de Otávio e Jonas. Ambos possuem uma forte ligação afetiva com elas. No caso de Otávio, fizeram a mesma escola nos níveis anteriores, tiveram bons desempenhos escolares sendo considerados os melhores da sala e prestaram o mesmo curso – Ciências Contábeis – na mesma universidade. Otávio sempre procurou espelhar-se na sua única irmã mais velha, é como se o que ela fizesse e desse certo fosse um caminho seguro para ele seguir também. Não por outro motivo, após tentativas frustradas em outros cursos, seguiu os passos dela. Além disso, ela conseguiu estágios para ele. Em suas relações, diz conversar bastante com ela. Logo, já tinha informações acumuladas sobre a USP e o curso "... depois que minha irmã passou na USP e começou o curso de Ciências Contábeis (...) porque os dois, a gente sempre foi o exemplo da escola, um ano ela tirava as maiores notas e eu no outro tirava as maiores notas (...) quando ela passou, eu falei: bom, se ela passou, também dá".

A irmã mais velha de Jonas[2], com trinta e quatro anos, foi decisiva em sua trajetória. Cuidou dele em boa parte da infância. Embora tenha

---

[2]   É formada em Publicidade e Propaganda pela Universidade Anhembi Morumbi, mas não atua na área.

uma ótima relação com os outros irmãos e irmã mais nova[3], possui maior afinidade com essa irmã mais velha, tanto que hoje trabalham juntos na mesma empresa. Os livros que possuía eram da irmã, ela o incentivava "dava os toques sobre a USP: é boa universidade, não paga, é bom". Além disso, outro fato concorreu para ampliar seu nível de informação e expectativa: trabalhava em uma avenida que fica nas imediações da universidade, o que lhe facultava "passeios" pelo campus.

Ligado a esse núcleo familiar de informações, há algumas situações particulares que poderiam ser consideradas *extensões* do mesmo, formando um subconjunto. Aqui desponta o papel de pessoas que tinham algum vínculo com a família: namorados e amigos.

Rose, após terminar o ensino médio, durante dez anos não tentou ingressar em um curso superior. Neste período, fez cursos profissionalizantes na área de desenho gráfico, sua profissão atual. Casou-se e acabou "deixando o estudo em segundo plano". O que a levou a colocar a USP em seu projeto de vida foi a observação da rotina de estudos de uma namorada de seu irmão que cursava Filosofia nessa universidade "... ela me deu grande incentivo para prestar vestibular na USP. Foi através dela que eu pude ter como exemplo muito próximo de que uma pessoa de classe social baixa poderia, sim, concorrer a uma vaga".

Analogamente à Rose, Carolina ficou um bom tempo sem prosseguir os estudos em nível superior. Em seu caso, acrescenta-se a mudança para São Paulo, marcando um novo momento em sua vida. O vínculo com alguns familiares do seu namorado foi o que desencadeou a volta aos estudos bem como as informações e incentivos para ingresso:

---

[3] Faz Letras em uma universidade particular.

"... o irmão de um ex-namorado formou em Física na USP, fez especialização em Oceanografia e trabalha no IO [Instituto Oceanográfico da USP]. O meu primeiro contato com a USP foi isso, de conversa com ele, de saber das coisas que rolavam aqui dentro, da vida pessoal dele, dos problemas que ele tinha dentro do Departamento (...) eu estava parada, eu tinha terminado o ensino médio em 1990 e, sei lá, sabe quando você fica no limbo? Eu fiquei no limbo. Não sabia o que fazer, se eu queria fazer uma faculdade ou não. Fiquei muito tempo sem fazer nada, isso lá em Belo Horizonte (...) chegou uma hora que eu achei que tava jogando meu tempo fora. Falei 'puxa vida'. Demorou para a ficha cair, sabe? Demorou muito. Eu acho que foi o convívio com essa família que me fez olhar para esse lado 'o que eu estou fazendo? Estou fazendo nada, por que não volto a estudar?'. Meu ex-namorado fez Ciências da Computação no Mackenzie (...), sua cunhada também estudou aqui, ela é bióloga, fez mestrado aqui. Então, é um pessoal que falou 'volta a estudar. Por que você não volta a estudar? Vai fazer uma faculdade'. E aí a ficha caiu." (Carolina).

Para Carlos, o estímulo de um amigo foi decisivo "... vamos entrar na USP, não ... lá é bom (...) vou lá comprar o Manual, vamos lá comigo. Tenta aí vai, você se esforça, você consegue, você é inteligente".

Outro subgrupo é composto pelos alunos que obtiveram informações e incentivos na *escola*, onde sobressai o papel de professores. Entretanto, mesmo nesse subconjunto, há algumas peculiaridades que convêm destacar.

Inicialmente, o tempo em que souberam da existência da USP. Assim, Marcos, Adauto, Antônio, Gilberto, Lúcia e Isabela possuíam informações a partir do ensino fundamental. Outros tiveram uma informação "tardia", a partir do ensino médio: Mauro, Eduardo e Lúcia.

Ambos os professores de Marcos e Adauto eram alunos da USP. Na quinta série o professor incentivou Marcos a "fazer Geografia". Ele descreve com humor esse momento "... o professor fazia Geografia aqui. Engraçado que eu até brinquei com ele 'poxa, você entrou na USP *pra* fazer Geografia?'. Lúcia: Que ironia do destino, não".

Adauto representa plenamente a situação na qual a figura do professor que, sendo aluno da USP, atua tanto no fornecimento de informações quanto na orientação do caminho necessário para o acesso[4]. Após sua chegada em São Paulo, aos quinze anos de idade, foi apresentado a um tio que estudava na USP, porém, até então aquilo não lhe fazia sentido "... ah, esse é o seu tio tal, ele estuda na USP. Mas, falar USP e falar um copo d'água para mim, eu conhecia mais o copo d'água". O diferencial foi o contato estreito com esse docente.

"... ele deu aula para a gente acho que um semestre, e o professor era muito bom. Foi com ele que eu comecei entender Física melhor. Vendo o jeito que o professor dava aula, aquela vontade que ele tinha, ele se destacava em relação aos outros (...) ele começou a falar 'Ah, se você quer entrar na USP'. Eu falei para ele **'por que isso de entrar na USP? Que é a USP?** Ele falou: 'A USP é uma universidade pública tal, tal, tal'. Aí é que liguei as duas coisas: é onde o meu tio estuda. [fala com surpresa]. Fui perguntar ao professor – eu não tinha muito contato com o meu tio – **conta mais.** Ele falou 'oh, lá é um lugar assim, assim assado, você faz uma prova, a prova é difícil tal, **mas não é impossível de você entrar'** (...) que mais especificamente eu tenho que fazer? 'Tem que estudar, se dedicar'. Ele era bastante pé no chão 'oh, eu estudei lá, eu também passei por diversas dificuldades, só que **não é impossível.** Estou aqui te falando hoje e eu passei por situações complicadas *pra* conseguir concluir o curso lá, conseguir entrar' e aquilo começou a me despertar 'ah, acho que

---

[4]   Cabe registrar a falta enorme que faz professor formado nas universidades públicas de boa qualidade atuando na rede pública de ensino. Como apontou Beisiegel (1999, p. 114) uma das questões centrais ligadas ao processo de expansão educacional no Brasil e que afetou profundamente a educação pública nos níveis fundamental e médio foi a base de recrutamento dos professores "... imensos contingentes de novos professores exigidos para o provimento dos cargos de magistério criados pela expansão da escolaridade foram diplomados, em sua grande maioria, exatamente por essas escolas desprovidas de quaisquer controle de qualidade".

vou tentar'. Aí esse professor deu um semestre só e incentivou 'oh, vai sim, você consegue'." (Adauto).

Se alguns professores não forneceram informações e incentivos, indiretamente, mediante conselhos para a consecução de tarefas escolares, acabaram propiciando o primeiro contato de alguns alunos. Encontram-se nessa situação Mauro e Robson. Robson tinha que fazer um trabalho e a professora sugeriu a biblioteca do curso de Geografia da USP, pois "lá poderia pegar uns slides". Formou um grupo com os colegas, mas acabou não indo. Porém, seu primeiro contato com a USP aconteceu por intermédio de um "senhor da comunidade evangélica" que, junto com sua mãe, trouxe-o para um passeio até a Cidade Universitária[5] no ano de 1975. Esse senhor, um presbítero, cumpriu papel central em sua formação cultural, pois além da visita mencionada, pagou aula particular de piano durante dois anos para o Robson, levava-o a concertos de música erudita e o estimulava a participar de grupos de teatro evangélicos, atividades que marcaram seus atuais gostos culturais. Mauro, no primeiro ano do ensino médio, acolheu a sugestão de um professor e foi até o referido prédio à procura de "uns livros bons de história".

Gilberto só conhecia a USP "de nome", ao ouvir comentários de professores. Mas como desejava cursar ensino superior desde cedo, foi acumulando informações e realizando pesquisas sobre as universidades públicas existentes.

> "... eu sabia da USP. Claro, com os professores comentando. Eu lembro de ter ouvido falar que existia um lugar que você poderia estudar, morar, fazer várias coisas, várias atividades e congregava várias unidades. Na sexta ou sétima série foi quando meus professores falaram. Eu já sabia que queria fazer faculdade desde

---

[5]   Como é denominado o campus da USP no bairro Butantã em São Paulo.

a quinta série, eu acho. Depois, no ensino médio, fui amadure-
cendo e pesquisando: eu descobri que existia a UNESP, que era
uma outra universidade pública de São Paulo, que existiam as
federais, então fui conhecendo um pouco mais. Na minha cidade
[Catanduva] não tem universidade pública, mas tem nas cidades
vizinhas." (Gilberto).

Para Clara, houve a combinação de duas ocorrências: recebimento
de material informativo do cursinho da Poli e o papel da mídia tele-
visiva ao ver reportagens com pessoas ligadas à instituição, embora
ainda nesse instante prevalecesse um desconhecimento sobre o que
de fato ocorria nesse espaço:

> "... Clara: Um dia eu passei pela rua e me entregaram um livrinho da
> Poli [cursinho da Poli.] Na verdade, eu não conhecia a USP, eu co-
> nhecia a Poli. Fui lá, fiz a prova. A primeira vez que eu entrei na USP
> foi para fazer a prova para entrar no cursinho. 'Nossa, fantástico!
> Isso existe, isso é público, é nosso'. (...) Eu sempre via na televisão,
> quando eu *tava* no ensino médio, parecia que a USP quando passava
> alguém importante falando, validava o cara. Essa era a impressão
> que eu tinha. O cara ... fulano de tal *tava* lá falando, aparecia 'ah,
> então o cara é bom, o cara ... Gilberto: A mídia faz isso para validar
> a reportagem que eles fazem. Clara: Pra validar."

Embora no espaço escolar, foi uma "turma de colegas" que queria
prestar vestibular, no último ano do ensino médio, que permitiu a
Eduardo saber da existência da USP.

A situação de Isabela combina o âmbito familiar, no qual uma de
suas primas fornecia-lhe informações sobre a concorrência do curso
de Medicina, além de lhe apontar as melhores faculdades como USP
e Unicamp e primos do lado materno que "... só fizeram USP. Um
fez Geografia, outro fez Medicina, outro Química" e o âmbito escolar
"... desde o ensino fundamental II, o ensino médio, eu sempre quis
estudar na USP, só o que eu queria Medicina".

Antônio ficou sabendo mediante uma visita promovida pelo CE-PAM[6], uma autarquia ligada à Secretaria de Economia e Planejamento do Estado de São Paulo, localizada no campus da USP. Como referido, foi uma premiação pelo seu excelente desempenho escolar na 6ª série.

Por fim, temos a situação vivenciada pela Ana, que conheceu a palavra USP a partir de juízos negativos feitos pelos professores quanto à possibilidade de ingresso dos alunos oriundos das escolas públicas.

Podemos fazer uma analogia entre essas duas trajetórias, pois ambos foram alvos de **julgamentos negativos** sobre a probabilidade de entrar na USP. As "respostas" dadas pelos dois foram curiosidade e luta para superar essa imagem, propalada às vezes irresponsavelmente ao vir carregada de insultos simbólicos, instigando-os a colocar a USP em seus horizontes, tomá-la como um "desafio":

"... os professores sempre diziam 'ah, porque alunos de escola pública, **vocês**, por exemplo, **não vão entrar na USP**. Porque vocês têm um ensino péssimo, não sei o que'... aí eu fiquei curiosa para saber por que eu não poderia entrar." (Ana).

"... foi em 1993. Teve uma excursão que foi o próprio CEPAM daqui. Passava o dia todo aqui, conhecendo todos os departamentos da USP, principalmente Geologia. Inclusive, eles deram até um certificado, um documento 'aluno conheceu a Universidade de São Paulo em tal data'. Nesse dia, falaram **o que é uma universidade, tentaram diferenciar faculdade, universidade**. Memorizei aquilo. No mesmo dia, as duas pessoas que estavam apresentando, era um homem e uma mulher... O monitor falou: 'oh, aqui, **vocês de escola pública**, é bastante difícil entrar aqui'. A monitora, já corrigiu: '**é, mas não é impossível**'. Então, ficou aquele desafio, aquela ideia de

---

6   O programa de visitas para alunos das escolas públicas era o "Pintando na USP". Segundo informações obtidas junto ao órgão, ele não existe mais. Retornarei a esse ponto quando tratar do papel institucional da USP no que tange à divulgação dos seus serviços e programas, sobretudo para alunos das escolas públicas. Ver o capítulo VI. Cumpre destacar que esse órgão não mantém nenhuma ligação administrativa com a Universidade de São Paulo.

universidade, de espaço público. Já comecei a trabalhar daquela série até o vestibular nesse objetivo de entrar." (Antônio).

Conforme podemos verificar, há uma variedade de situações encontradas quanto à presença do professor. Tal registro pode ser no sentido de incentivos e informações, ser modelo ou referência e, também, no caso descrito, uma avaliação negativa do potencial do aluno da escola pública. Acredito que é preciso atentar, cada vez mais, para esses juízos negativos que são propagados por muitos atores como mídia, universidades, escolas, dentre outros. Eles desencadearam para o caso em tela uma força para superar barreiras, instilando a curiosidade que, sem dúvida, pôde ser aproveitada como mais um elemento auxiliar para o acesso nas trajetórias de Ana e de Antônio. Entretanto, esses incidentes geralmente despertam processos de violência simbólica[7], os quais podem ser decisivos para afugentar alunos de escolas públicas dos vestibulares das universidades públicas[8]. Pelo menos, tê-las no campo das possibilidades – a conquista da vaga é outro assunto. A postura da monitora na experiência de Antônio é salutar: concorda com a dificuldade, basta ver as taxas de aprovação da escola pública no vestibular da Fuvest, em queda constante, **mas**, abre-se uma possibilidade para esse estudante geralmente com desvantagens, marcando que aquele espaço pode ser, também, um dos seus alvos de disputa. Em suma, é importante apresentar as dificuldades e, talvez, o modo de contorná-las e não tomá-las como definitivas, irredutíveis.

Não vou aqui reconstruir a trajetória da escola pública no Brasil. Em termos talvez simples, grosso modo, pode ser assim entendida:

---

[7] Noção desenvolvida por Pierre Bourdieu e Jean Claude Passeron (1964) e utilizada por Bourdieu em várias de suas obras.

[8] Em tempos de debates sobre "inclusão social" nas universidades brasileiras, essa dimensão parece esquecida. Não é só informar mediante programas, é preciso, tal como um namoro, "despertar o desejo". O aluno deve "querer a USP", tomá-la como paixão e ir atrás. Se vai obter sucesso ou não, é outro momento. Para querer, deve-se "enamorá-la" se assim posso dizer e não tê-la como um Leviatã como geralmente aparece para os alunos da rede pública de ensino.

quando era "virtuosa" servia a poucos e quando passou a servir a muitos, tornou-se um desastre, conforme podemos apreender na fala da Ana que estudou parte do ensino fundamental em escola particular e fez uma transição para a escola pública "... quando eu entrei no ginásio [atual ensino fundamental II], aí eu tive que fazer escola pública. A escola pública era péssima". Bem diferente da escola "excelente", porém para poucos, antes existente. Essa, cada vez mais, fica no lamento e na saudade de alguns indivíduos que por ali passaram:

> "... a "minha" escola sempre foi pública. Na maior parte do tempo, o Instituto de Educação Fernão Dias Paes, no bairro de Pinheiros, zona oeste (...) o "Fernão" era "top" de linha em uma época, 40 ou 50 anos atrás, em que a escola pública, em geral, era centro de excelência. Hoje, vejo o resultado do Enem [Exame Nacional do Ensino Médio] e o "Fernão" já não é "top" nem entre as escolas públicas (...) no meu 'Fernão', aprendíamos, além do português, latim, inglês, francês e espanhol. Dona Maria Rita – e só ela, sem reforço das Alianças Francesas da vida – me ensinou um francês que não me dará jamais vaga na Academia Francesa, mas me permite ler sem percalços o "Monde", fazer perguntas (e entender as respostas) ao presidente Chirac em entrevistas coletivas e até dar entrevista para a TV do Canadá francófono. Hoje, o aluno do 'Fernão' já não tem aula de francês e, pior, não aprende português, a julgar pela classificação obtida." (Rossi, 2006).

> "... porque no ensino fundamental, primeiro e segundo grau, nós recebíamos uma formação muito esmerada. A escola pública era esmerada cultural e pedagogicamente. Eu tive no ginásio latim, francês e inglês e no colegial [atual ensino médio], a isso se acrescentou espanhol, grego e italiano (...) durante três anos, quatro vezes por semana, eu tive aulas de filosofia." (Chaui, 2004).

Um traço liga todas as trajetórias analisadas: o *desconhecimento ou ausência de um capital familiar de informações* sobre o espaço universitário. Conforme pudemos perceber, os pais e mesmo a maioria dos irmãos não possuíam a parte central do capital cultural, a responsável direta que interfere, de modo decisivo, no rendimento escolar dos indivíduos, capacitando-os a antever as melhores apostas e ações a serem empreendidas.

> "... a parte do capital cultural que é a mais diretamente rentável na vida escolar é constituída pelas informações sobre o mundo universitário e sobre o *cursus* (...) é todo um capital de informações sobre o *cursus*, sobre a significação das grandes escolhas (...) sobre as carreiras futuras e sobre as orientações que normalmente conduzem a elas, sobre o funcionamento do sistema universitário, sobre a significação dos resultados, as sanções e as recompensas, que as crianças das classes cultas investem em suas condutas escolares." (Bourdieu, 1999, p. 44-5, grifo no original].

Algumas falas marcam, precisamente, essa ocorrência. É justamente aqui que temos a diferença em relação ao "grupo padrão" dos alunos ingressantes da USP, os quais possuem informação prévia sobre as universidades existentes, seus tipos e posições, cursos, dentre outros elementos. Em outras palavras, mobilizam o *habitus* como "jogo social incorporado". A noção de habitus representa a "resposta" de Pierre Bourdieu à problemática – clássica na sociologia – referente ao modo como o indivíduo e a sociedade se relacionam. Tomando como fulcro a mediação das instâncias objetivas e subjetivas, é profícua para ajudar a entender alguns aspectos que foram por mim pesquisados. Aqui, opera no surgimento e desenvolvimento do capital informacional, permitindo a alguns grupos trunfos na disputa pela vaga na USP.

> "... meus pais são ignorantes no sentido de não ter educação, então, por eles eu não fiquei sabendo não [da USP]." (Jonas).

> "... meu pai nem sabia o que era a USP. 'Ahhh, fiz escândalo de madrugada. Ah, *tá* bom, vai dormir, vai dormir.' Caramba! Não es-

tou entendendo. Quando começaram a contar para ele 'Nossa, você estuda na USP, a minha amiga falou que é a melhor faculdade que tem'. Ah, **agora que você se deu conta.**" (Lúcia).

"... essa pergunta como que eu fiquei sabendo da USP, como é que eu vim parar aqui, vivia me fazendo. É difícil responder. Eu venho de uma família que historicamente ... a minha vó teve quinze filhos, então eu tenho uma porrada de primos e eu sou a única na faculdade, absurdo. Então, na minha família, faculdade, USP, pública, é **algo que ninguém comentava.** Para minha mãe, eu terminando lá o ensino médio 'nossa, que maravilha, minha filha terminou a escola'." (Clara).

"... eu não conhecia ninguém que estudasse aqui. Era algo assim que era totalmente fora do alcance das pessoas que conviviam comigo." (Rose).

3.2 Imagem

Antes de se tornarem alunos, a percepção predominante sobre a USP era de um espaço inatingível, mítico, mágico, perfeito. Entretanto, nuances merecem ser observadas, pois há alguns olhares diferenciados entre os estudantes pesquisados.

Inicialmente, destaca-se que o caráter mítico é reforçado pela dificuldade que representa o vestibular da Fuvest[9], tido como um dos mais difíceis devido ao grande número de concorrentes que almeja as várias carreiras existentes[10]. Assim, Jonas via a USP sempre como algo que está na mente da maioria dos vestibulandos, os quais desejam entrar nessa universidade. Essa ideia já vem desde o ensino médio, existindo uma correspondência, no seu entender, entre pensar em vestibular e pensar na USP. É isso, justamente, que lhe permite dizer que existe nesse espaço uma certa "aura".

---

[9]   Fundação Universitária para o Vestibular da USP, responsável pela seleção dos ingressantes.
[10]   Como expressou Robson "... a gente sabia o que todo mundo sabe, que a USP é a melhor faculdade ... ah, mas é muito difícil".

Alguns expressaram a grande tensão que o vestibular provoca nos alunos que disputam a vaga na USP. Mauro apontou a **pressão psicológica** ocasionada pelo vestibular da Fuvest, confirmada por Jonas que descreveu a cena de um desmaio sofrido por uma menina no dia em que prestara o exame. Mesmo Mauro, que já realizara vestibular antes de se submeter a tal certame, sentiu-se tenso. Embora qualquer processo seletivo possa desencadear algum nervosismo e ansiedade, acredito que a imagem mítica encontra aqui um outro forte componente. Assim, Mário diz acreditar que o vestibular provoca *medo* nas pessoas. Esse medo interferiu na sua busca pela vaga, pois só teve "coragem" de se inscrever após mudança operada no ano de 1995, quando a segunda fase passou a só cobrar disciplinas específicas relacionadas à carreira escolhida pelo candidato[11]:

"... eu fiz a prova da FATEC [Faculdade de Tecnologia de São Paulo, ligada à UNESP] despreocupado, não sentia tanto nervosismo. Fiz a prova tranquilo. Quando fui fazer a prova da Fuvest **eram tantas pessoas nervosas** [fala em tom alto] **que comecei a ficar nervoso também**. 'Poxa, mas eu já prestei vestibular' [risos geral]. Sentei na mesa **encolhido** assim [estende os braços na mesa para marcar o clima de nervosismo, momentos antes de começar a prova]. 'Poxa, eu já me formei, estou acostumado a isso', mas parece que a tensão que a Fuvest coloca, a pressão psicológica 'você tem coragem de tentar entrar na USP, você vai prestar mesmo, você? Eu já tinha experiência de prestar vestibular e fiquei **acanhado** ... 'será que eu estou fazendo certo *tá* aqui?'." (Mauro).

"... a Fuvest, o vestibular é o que te dá a cara da USP e, honestamente, não é nada bonito, *né*? Wilson: Por que não? Carolina: Porque é excludente. Wilson: Em que sentido? Carolina: O vestibular? Em tudo, é uma peneirona. Você vai escolher um curso e vai ter que se preparar para um vestibular, coisas que ... não é o foco do seu curso, mas você tem que saber." (Carolina).

---

[11] Até o ano de 1995, na segunda fase do vestibular, as oito disciplinas do ensino médio eram cobradas. Além disso, a primeira fase passou a ser, também, classificatória, com a pontuação obtida sendo somada à nota da segunda fase para cômputo da nota final.

O *inatingível*, embora comum à quase totalidade dos pesquisados, aparece de modo diferenciado. Na situação de Mário, aparece em uma visão de certa forma estereotipada sobre o tipo de aluno que tinha acesso "... ah, fulano entrou na USP. Eu achava que o cara era um *nerd* (...) achava que aqui só estudava japonês".

Para Adauto, foi um comentário negativo sobre sua chance de conseguir uma vaga na USP dito pelo tio a seu pai. A entrada passou a ser um desafio, uma prova inconteste de sua capacidade. Se por um lado a resultante de tal juízo negativo foi o esforço e a conquista da vaga, por outro lado, provocou ansiedades e apreensões sobre como seriam os processos de avaliação no âmbito da universidade. A figura desse tio é interessante. Ele sempre foi mais próximo do irmão de Adauto, estudante de Matemática na USP. Na época, embora tenha feito mestrado e doutorado na USP, não era uma referência. Hoje, tornou-se um modelo, pois conseguiu realizar o desejo que Adauto persegue: ser professor universitário:

> "... eu também tinha essa visão do inatingível, de alguma coisa que realmente seria quase impossível. Quem construiu essa imagem do inatingível foi meu tio (...) meu tio, ao invés **de me apoiar**, ele não falou diretamente para mim, mas *pro* meu pai que acabou comentando. Ele comentou que meu irmão, se ele fosse trabalhado, conseguiria entrar na USP. E que eu e os demais, provavelmente, conseguiriam fazer uma faculdade, mas só que paga. '**Ah é, então vamos ver**'. **Comecei ir atrás**, tanto que foi nessa época que eu recorri ao professor *pra* pedir informações (...) tomei isso como um objetivo '**não, é isso que eu quero?**'. Só que, por ele ter falado isso – e ele já estudava aqui há bastante tempo – acabou criando um **distanciamento** tão grande de mim com a universidade e também por eu saber que a prova do vestibular cobrava bastante, que reprovava muita gente, que poucos conseguiam (...) acabou **criando uma expectativa** assim 'meu, lá dentro as provas, então, deve ser um bicho-de-sete-cabeças, *né*?' Aí, quando cheguei aqui, vi que as provas eram normais." (Adauto).

Rose argumenta que essa visão mítica, do inatingível, compartilhada no seu círculo de familiares e amigos mais próximos, não era exclusiva da USP e, sim, extensiva a toda e qualquer faculdade. Em seu convívio diário, o horizonte universitário era algo distante. A entrevistada remete ao contexto histórico do fim dos anos setenta, período marcado, sobretudo, pela presença quase hegemônica das camadas médias, onde indivíduos menos abastados não tinham acesso à universidade. Em se tratando de USP, era só para quem tinha muito dinheiro, para uma "elite" no seu dizer. Quando articulamos com o julgamento negativo sofrido pelos alunos das escolas públicas, pode-se verificar o quanto essas manipulações simbólicas acabam servindo como ideias-força que afastam, cada vez mais, a possibilidade de ingresso das camadas menos favorecidas.

Apesar de indicar, Rose não precisa quem expunha tal ideia. Embora hegemônico no meio acadêmico e na sociedade como um todo, acredito que é preciso pôr em discussão o uso que muitos fazem do termo "elite" quando pensam no aluno universitário no Brasil. Em outros termos, parece que elite vira correspondente exclusivo de elite econômica, desprezando as numerosas clivagens existentes entre os mais diferentes indivíduos[12]. Mário, a partir do conhecimento de pesquisas feitas, rebate a afirmação feita por Rose:

> "... eu tive que estudar muito porque era algo **inalcançável** ... minha ideia era algo ... acho que a ideia de muita gente, ainda hoje, que não acredita que pode vim ... tem um lugar aqui na universidade. Eu acho que sou a mais velha aqui, mas na minha época se falava 'na USP só estudava quem tinha muita grana, quem tinha influência, era essa a visão que passavam para a gente. Você vai estudar a vida inteira, mas nunca vai conseguir ter um lugar lá dentro'. Era uma imagem surreal, a USP era um **mito** (...) mesmo também porque já é isso há muito tempo, né? O que era difícil, o que era inatingível, não era só a USP, era qualquer curso universitário. Qualquer facul-

---

[12]   Conforme veremos no capítulo VI, elite que frequenta a USP adquire outras colorações para alguns dos entrevistados.

dade, na época, era muito difícil. A USP, então, pelo mito todo que tem – aquela história, que é a melhor universidade, conceituada, **pra elite**, que **aí você já pensa logo 'bom, se é pra elite, então, só rico estuda'** e isso era muito forte. Hoje ainda é, mas na época era muito forte, muito mais. Mário: Você falou de elite, *né*? Eu cheguei a ver umas pesquisas da USP, ela é menos elitizada que a particular (...) Rose: Isso. Mário: Porque a particular ela tem muita gente com bem mais renda do que aqui na USP. Rose: É, porque os cursos nas particulares são caros." (Rose).

Gilberto pondera que se criou uma "lenda" em torna da imagem da USP, não tendo o acesso a uma dimensão tão grandiosa como se pensa "... é engraçado que a gente comentou os problemas da USP. A gente fala lá fora 'eu faço USP' e as pessoas falam 'mas, como assim?' Rose: É. Gilberto: 'Fala isso com a maior naturalidade' (...) é uma lenda que se criou em volta. Não que seja fácil entrar, claro que não é, mas para mim tinha essa coisa de inatingível inicialmente. Aí eu comecei a me esforçar 'ah, se fulano é capaz de entrar, por que eu não sou?'. Não é tão assim horrível, não é tão difícil assim".

A imagem idealizada da USP antes do ingresso se faz presente também para Ana: "... A USP era como se fosse um mito", Carlos: "... Você entra sonhando ainda (...) eu realmente tinha a expectativa de frequentar o paraíso, é um mito, é tudo diferente, é inatingível".

Clara condensa essa visão mítica usando o muro da USP como limite, demarcando uma fronteira simbólica e objetiva[13] entre o espaço interno e o exterior "... eu fui para o cursinho, a USP passou a ser para mim uma **coisa mágica** 'nossa, sabe, tem tudo'. Eu ia trabalhar, passava por esse muro aqui na Marginal, ficava 'meu Deus, um dia eu vou *tá* **do lado de lá'**. Aí quando eu entrei e passei pelo mesmo

---

[13]   As fronteiras simbólicas e sociais ou objetivas aparecem como ferramentas conceituais em alguns clássicos da sociologia. Tanto em Durkheim, no par sagrado e profano, quanto em Weber, em sua análise dos grupos de status. Lamont e Molnár (2002) agruparam os mais diversos estudos clássicos e contemporâneos sobre essa temática, contemplando vários ramos como desigualdade de classe, desigualdade racial/étnica, desigualdade de gênero/sexual, profissões, dentre outros.

muro 'nossa! **eu *tô* do lado de cá'** (...) **o inatingível que eu atingi.** Essa era a visão forte".

Mauro e Marcos[14] se aproximam da idealização presente na fala dos demais. Porém, em suas falas o inatingível eleva-se ao cume, a ponto de pensar que a USP *jamais* poderia estar ao alcance deles, que não é destinada a pessoas como eles. Aqui podemos fazer uma analogia com Bourdieu (1988, p. 388) quando discute o estilo de vida das "classes" populares francesas. Trata-se do "princípio de conformidade", o qual dispõe que "isso não é para gente como nós" delimitando, claramente, as diferenças mais radicais entre indivíduos de grupos sociais diversos. No caso em tela, a USP aparece como um mundo totalmente diferente e distante:

> "... não tinha essa noção de que era a melhor, sabia que era boa (...) depois veio aquela coisa de que eu não podia entrar, aí eu deixei de lado 'ah, não dá para entrar mesmo'. Eu já achava que era muito difícil entrar aqui, que não tinha condições. Lúcia: É, eu já tinha certeza. [risos]. Marcos: As pessoas, mesmo os professores ... Lúcia: **Todo mundo faz a gente ter essa ideia.** Marcos: Mesmo os professores que dão aula para a gente passam a ideia de que para você entrar lá ... Lúcia: Tem que matar uns quinze, *né*? Marcos: Então, eu falei '**deixa quieto, vou fazer meu curso técnico, vou fazer qualquer coisa** (...) aí ignorei o que o pessoal falou, fui estudar para conseguir entrar." (Marcos).

> "... tinha uma ideia da USP totalmente assim: aqui é o lugar perfeito, **não é o lugar para mim.** Não devo passar nem perto. Tanto que quando eu vim fazer trabalho aqui, não tinha nem ideia de entrar, nenhuma pretensão (...) **não queria entrar aqui porque achava que não era o meu mundo,** era um lugar para pessoas mais inteligentes, mais preparadas, então procurei o CEFET [Centro Federal de Educação Tecnológica – Escola Técnica Federal], de **nível menor** (...) comi-

---

14 Destaca-se que aparece, novamente, a visão compartilhada por professores sobre a impossibilidade do aluno da escola pública vir a ser um aluno uspiano. Porém, à semelhança de outras trajetórias, Marcos buscou sua vaga, contrariando esse julgamento negativo sobre o acesso desse tipo de estudante.

go aconteceu bem diferente do Carlos. Não tentei USP, nem pensava na USP, falava '**isso aí é coisa de outro mundo, deixa para lá, vou tentar a 'Fatequizinha' aqui, mais acessível para mim.**" (Mauro).

Se a imagem do inalcançável afastou inicialmente os casos delineados anteriormente no excerto, na situação de Lúcia, em contraposição, uma visão de prestígio despertou seu interesse em um dia estudar nesta universidade "... a melhor faculdade é a USP, você não paga, é a melhor faculdade da América Latina. Aí ficou na minha cabeça 'não, só vou fazer na USP, quando eu entrar lá, um dia eu entro nem que seja a última coisa que faço'".

Por fim, Eduardo e Antônio se aproximam na imagem idealizada da USP em um outro sentido: eles imaginavam que teriam contato com uma "*boa didática*", marcada pelo auxílio dos professores, ou seja, um encontro com um local de estudos bem próximo dos níveis anteriores de escolaridade a que estavam acostumados[15]:

"... em uma universidade como a USP, por ser bem tratada, bem falada, vamos encontrar aqui o que é bem próximo de uma didática avançada, uma didática superior (...) eu tinha uma ideia de que seria um local de facilidades no didático, da noção didática: você pegar, entrar no curso, você ter um apoio, **um apoio daquele professor parecido com o do colégio.**" (Antônio).

"... eu achava que quando chegar lá ia ter professores incríveis, pessoas que sabem muito, que dava aulas sensacionais, que explicam coisas que eu nunca tinha imaginado. Era isso o que eu imaginava, a ilusão que a gente tem é essa '**o cara te ajuda, *tá* te apoiando**'." (Eduardo).

---

[15] Esse ponto será retomado no capítulo V, pois ele remete ao "trabalho independente" exigido pela USP, marcando uma ruptura com os níveis anteriores de escolaridade. Nesta oportunidade, verificar-se-ão como os alunos responderam a essa postura pró-ativa exigida – o "correr atrás", "se virar" –, os constrangimentos e dificuldades em termos de adaptação, dentre outros aspectos correlacionados. Está ligada, estreitamente, à relação com os professores e suas clivagens, também discutida no referido capítulo.

capítulo IV

ENTRANDO

"... aos 20 anos, uma estudante de cursinho popular realizou ontem o sonho da maioria dos vestibulandos de São Paulo. Ivi Maiga Bugrimenko se matriculou na Universidade de São Paulo (USP), **no curso de Letras, período noturno**. Moradora de **Guaianazes**, zona leste, Ivi cursou o ensino médio em escola pública e passou no maior vestibular do país (...) **Filha de um corretor de imóveis e uma promotora de shows**, ela concluiu o **colegial técnico** em 2001 na Escola Municipal Professor Derville Allegretti. [Bairro de Santana, zona norte paulistana.] Durante o ensino fundamental, estudou no **SESI** 'Não teria condições de pagar cursinho nem faculdade'. Para não abandonar os planos de cursar o 3º grau, de agosto a novembro a estudante **passou os finais de semana dentro da sala de aula**. Ivi acordava antes das 7h, ia de ônibus até Cidade A. E. Carvalho [bairro da zona leste], onde foi organizado o cursinho, e só voltava para casa após às 17h, quando terminavam as aulas. Depois de passar na primeira fase do vestibular da Fuvest, a confiança aumentou e Ivi foi convocada para trabalhar como auxiliar administrativa em um hospital de Itaquera [bairro da zona leste], vaga que foi conquistada em um concurso público '**Me matei** para passar na segunda fase. **Estudava antes e depois do trabalho e no final de semana**', lembra Ivi, que planeja fazer pós-graduação, dar aulas em universidade e fazer uma segunda faculdade: moda ou sociologia. **A maratona de embarcar em três ônibus e um trem** para cumprir a jornada diária de trabalho e estudo não assustam a garota." (Diário de São Paulo, 17/2/2004) [grifos meus].

Essa citação, extraída de uma matéria sobre ensino superior e inclusão, diz muito sobre alguns traços que marcam, de forma indelével, a trajetória de grupos de estudantes desprovidos de recursos culturais e econômicos presentes na Universidade de São Paulo. Os dezessete alunos que foram investigados ao longo da pesquisa apresentam características bem próximas da estudante retratada.

4.1 "Escolha" do Curso

Como apontam Ball et al. (2001) a escolha, em termos sociológicos, é um conceito "altamente problemático" ao dar a impressão de uma igualdade que pode turvar os efeitos das desigualdades de fato.

Alguns fazem um **curso diferente** daquele tido, inicialmente, como desejo. Mais ainda, justificam o porquê da mudança ao dizerem que o curso atual contempla, em termos suficientes, a opção não conseguida. Em outras palavras, há "compensações" realizadas por um subgrupo de alunos que acabou indo para carreiras menos disputadas. A vaga não obtida em uma carreira os impeliu a buscar cursos próximos no campo temático. Cabe verificar o trajeto dos estudantes até a USP para melhor compreender o processo.

Jonas queria Economia. Como não teve sucesso nessa empreitada[1], viu na flexibilidade da Geografia, ao lidar com grande número de áreas, traços importantes que motivaram sua "escolha". Aliado a isso, um curso no qual tinha condições de entrar. Há um senso ou compreensão da realidade, do que está ao alcance, do possível. Bourdieu (1999, p. 47), em pesquisa sobre a escola na França, encontrara algo parecido "... Se os membros das classes populares e médias tornam a realidade

---

[1]   Prestou em 2001 e não passou.

por seus desejos, é que, nesse terreno como em outros, as aspirações e as exigências são definidas, em sua forma e conteúdo, pelas condições objetivas que excluem a possibilidade de desejar o impossível":

"... vou ser supersincero. Eu pretendia fazer Economia, gostava muito de ler os clássicos da Economia. Prestei o vestibular para Economia a primeira vez na Fuvest e tomei bomba. Vi que meu nível não *tava* tão bom para fazer aquilo e que não ia passar. **E na Geografia nós temos contatos com as áreas econômicas** (...) é um curso que eu vou me dar bem, se não for aquilo que eu quero numa área, posso migrar para outra (...) e também o fato de ser um curso que eu pudesse passar, um curso que estava **dentro da realidade** [risos dos outros participantes]. Não adianta nada gostar de Medicina e não ..." [não prosseguiu o raciocínio] (Jonas).

Adauto tinha como primeira opção o curso de Direito no Largo São Francisco[2], com o objetivo de seguir carreira na magistratura ou prestar concurso público na área, mas não atuar como advogado. Sempre esteve em dúvida entre os cursos de Direito e Letras, mas acabou "optando" por este último porque queria ter um conhecimento mais aprofundado da língua "... queria conhecer melhor a língua, dificuldades assim que eu tinha (...) eu lia, escrevia e tal, mas, sabe, queria compreender, não é? Talvez fazendo Letras eu compreenderia melhor, um pouco mais a fundo".

Gilberto queria fazer Jornalismo na UNESP e, no mesmo ano, também prestou Letras na USP. Embora afirmou gostar do curso de Letras, parece-me que a USP foi uma segunda opção caso não obtivesse êxito na sua tentativa de ser jornalista, situação que acabou ocorrendo "... gosto muito do curso (...) não sei se eu me daria bem com Jornalismo pelo que eu ouvi falar do curso e tal (...) prestei

---

2 Trata-se da tradicional Faculdade de Direito do Largo São Francisco, surgida em 1827 e depois incorporada à Universidade de São Paulo.

Jornalismo no mesmo ano em que prestei Letras na USP, mas acabei passando só na Letras, então, foi uma opção meio que forçada, mas não me arrependo".

Rose desejava Filosofia. Tentou duas vezes seguidas e não obteve sucesso. Durante o cursinho pré-vestibular passou a ter um contato mais estreito e gostar de literatura, reorientando sua opção para Letras.

Otávio tinha como desejo Engenharia. À semelhança dos outros, à época, não reunia condições para ter êxito em um dos cursos mais tradicionais do vestibular. Além disso, havia outro impedimento maior que exclui boa parte de jovens desfavorecidos dos cursos mais concorridos da USP, qual seja, *o período integral do curso*, que afasta indivíduos que precisam trabalhar para o seu sustento ou ajudar no orçamento familiar "... no ano em que eu prestei, eu já não prestei Engenharia porque eu tinha desistido da ideia (...) não, não quero mais fazer Engenharia porque é integral (...) eu precisava trabalhar". Assim, tentou Ciências da Computação e não obteve sucesso. Durante um semestre fez a segunda opção que havia indicado, Matemática Aplicada, abandonando-a em seguida. A escolha de Ciências Contábeis foi motivada por alguns fatores: já trabalhava na área de Contabilidade mesmo sem ter curso específico, o que lhe indicava a necessidade de profissionais. Em segundo lugar, a característica de se adaptar às matérias mais "técnicas". O fato de possuir uma irmã que já atuava na área, abria a possibilidade de obter estágio. Além disso, havia a motivação financeira que essa carreira poderia lhe proporcionar.

Mário possui uma trajetória *sui generis* que será detalhada no próximo item, pois foge completamente das outras trajetórias pelo número de tentativas que realizou para entrar na USP. Seu desejo inicial era ingressar no curso de Relações Internacionais, um curso recente que já nasceu com nota de corte elevada e, por isso, altamente seletivo. Movido pela ideia de que esse curso lhe propiciaria a fluência em línguas, tentou ingresso uma vez e já como estudante uspiano, transferências internas outras duas vezes. Em todas as situações não obteve sucesso. A mãe exerceu influência para que optasse por Geografia, curso com uma nota de corte muito menor:

"... Geografia assim ... **não era o primeiro curso que eu queria fazer**. Tem muita coisa que eu gosto na Geografia e tem muita coisa que não gosto. Minha intenção era entrar em Relações Internacionais (...) quando surgiu o curso eu falei 'nossa, que legal!'. Isso foi bem na época que teve os atentado [sic] de 11 de setembro. Esse atentados [sic] já complicou a minha vida, *né*? [risos], agora todo mundo vai querer esse curso [risos em toda a sala] (...) todo analista que aparecia na televisão, vinha aquela faixa lá: especialista em Relações Internacionais (...) fiz a inscrição e quando eu vi o número de candidatos por vaga, falei 'nossa senhora, era 60 por 1. Pronto, complicou'. **Passei longe** (...) **mas assim, Geografia eu gosto porque a parte de humanas tem um pouco relacionado com Relações Internacionais** – trabalha com geopolítica, esses tema [sic], *né*? Falei '**OK, faço Geografia e fico fazendo optativas das Relações Internacionais**'." (Mário).

Isabela desde sempre tinha como meta obter vaga para o curso de Medicina. Tentou durante quatro anos e não conseguiu. Resolveu fazer História porque gostava[3], abandonou após dois anos e meio. Em seguida, após um semestre de Direito na PUC-SP[4] [Pontifícia Universidade Católica de São Paulo] matriculou-se em Ciências Contábeis na USP porque trabalhava na área. Mas, novamente, após ter cursado o mesmo tempo do curso de História, abandonou. Esse desejo sempre interditado é vivido com muita angústia, pois, ao

---

[3]   Mas em outro momento de seu depoimento, diz que "... na hora de fazer a inscrição, na fila, fiquei com medo [de novamente não passar em Medicina] e coloquei História." Ou seja, era outro o seu desejo.

[4]   Obteve desconto via bolsa.

contrário de algumas situações já vistas, nem mesmo outros cursos serviram como atenuantes.

"... Wilson: Você tentou quatro vezes, você ficava próximo ou não? Isabela: Era próximo *pra* passar *pra* segunda fase, mas nunca com pontuação suficiente para uma segunda fase. Eu estou tentando até hoje. Eu vou retomar o vestibular justamente por causa disso. Não adianta, não consigo me adaptar a outra coisa, quero pelo menos tentar Medicina."

"... eu nunca idealizei muito o campus do Butantã, porque o que eu queria mesmo era aqui na Dr. Arnaldo [avenida onde se localiza a Faculdade de Medicina da USP], então nada me encantava ali. Tanto que quando fiz História, o pessoal falava 'vamos para o Cepê [Centro de Práticas Esportivas da USP – CEPEUSP], vamos para outras festas'. Nada me encantava porque eu queria estar na Medicina. Wilson: Esse gosto pela Medicina, quando começou? Isabela: Sempre curti. Tudo que falava sobre doenças, corpo humano. Sempre gostei muito, mas na 6ª série eu tive aula de Ciências com uma professora que ensinou para a gente Genética. Eu fiquei apaixonada por Genética. Só que eu sabia que para passar na USP eu teria que fazer um colégio particular, mas meus pais não tinham condições." (Isabela).

Há um subgrupo de três alunos que constitui uma situação bem singular marcada pela interferência de um **processo interno de seleção,** denominado **ranqueamento,** o qual faz com que a habilitação cursada não corresponda ao desejo inicial. Na USP, essa seleção está presente nos cursos de Letras e Engenharia, com a diferença que para as carreiras de Engenharia os alunos são classificados, também, pela notas da Fuvest. Além disso, o ciclo básico é maior, perfazendo dois anos[5].

---

[5]   Em reportagem recente do *Jornal do Campus* da USP, em junho de 2006 (Sistema da Poli provoca evasão) "... muitos estudantes estão cursando habilitações de engenharia que não correspondem ao seu perfil (...) a insatisfação vem, principalmente, da dificuldade em se conseguir a habilitação desejada (...) a competição excessiva entre os alunos nos primeiros anos

Os alunos que pretendem vaga em uma das cinco habilitações[6] mais concorridas do curso de Letras (inglês, espanhol, francês, italiano e alemão), na transição do primeiro para o segundo ano, "escolhem" cinco línguas em uma ordem de preferência. A USP verifica as notas do ciclo básico – correspondente ao primeiro ano de graduação, onde geralmente o estudante cursa oito disciplinas[7] – e habilita as matérias de acordo com esse ranking de notas.

O fascínio por línguas estrangeiras e o desejo de ser professora "... apesar dos baixos salários, deve ser muito gostoso dar aula", influenciaram Ana na escolha do curso de Letras. Tinha o desejo de estudar inglês, porém essa habilitação exigia **fluência** desde o início do curso. Em consequência, acabou fazendo espanhol, a qual não possuía pré-requisito e é uma língua de que gosta "... eu faço português e espanhol, não foi a minha primeira opção porque a gente tinha que fazer uma escolha. Inglês seria minha opção. Só que depois, refletindo melhor, resolvi fazer espanhol porque o inglês aqui, ao contrário das outras, você já tem que ter o inglês fluente e eu ia sofrer muito, *né*? Vou fazer espanhol porque ensina desde o bê-á-bá".

Letras também foi a primeira opção de curso e alvo atingido de Lúcia; porém, à semelhança de Ana, havia ainda o obstáculo de conseguir média suficiente para a habilitação em inglês. Esse obstáculo ela não conseguiu ultrapassar. A figura do ranqueamento acabou funcionando como um segundo vestibular feito internamente na universidade. *Ou seja, a opção, na verdade, não é opção*, o que possibilita matizar ainda

---

do curso é apontada como aspecto negativo do sistema. Segundo o chefe do Departamento de Engenharia de Construção Civil, quem não consegue o curso que queria desiste [há 20 vagas ociosas na Engenharia Civil], presta vestibular novamente na Poli e ganha o apelido de "re-bixo" ou pede transferência interna".

6   Cabe ressaltar, às vezes tal ordem muda, mas inglês sempre é a habilitação mais concorrida.

7   Compreende as seguintes matérias: Introdução ao Estudo da Língua Portuguesa I e II, Elementos de Linguística I e II, Introdução aos Estudos Literários I e II e Introdução aos Estudos Clássicos I e II.

mais o processo de "escolha" que determinados estudantes fazem. Foi o que sobrou para fazer próximo daquilo que no âmago queria, em uma graduação que vai, cada vez mais, afastando-se do desejo inicial alimentado antes da entrada na USP "... eu vim para cá fazer Português-Inglês. Aí, a primeira dificuldade foi o ranqueamento. Já não consegui fazer inglês, tive que fazer espanhol que era a minha segunda opção, aí já vi que não era tudo isso, *né*".

Antônio tinha dúvida do curso a fazer. Gostava de Inglês e Geografia "... porque já tinha esse olhar, ver o mundo, entender culturas, comparar valores, estudar isso seria muito rico". Conseguiu passar em Letras, porém, a combinação de greve[8] e a "descoberta" do ranqueamento, fizeram-no perder a sintonia com o curso e abandoná-lo, redirecionando seu olhar para a Geografia "... adorava Inglês (...) depois descobri o ranqueamento, enfim, toda aquela é ... Lúcia: É. Antônio: Prestei de novo, fiz Geografia, entrei".

Cabe enfatizar que a busca pela habilitação em Inglês exerceu influências distintas, embora próximas, para quatro estudantes. Lúcia e Antônio não obtiveram médias suficientes devido às notas no ranqueamento. Para Ana e Adauto, porém, havia o entrave da fluência na língua. Se Lúcia ficou com uma segunda opção, Adauto seguiu caminho diferente: não fazia as matérias de Inglês, "trancou-as", cursando somente as disciplinas de português. Nesse ínterim, "ganhou tempo de estudo", estudando a língua inglesa. Ou seja, continua buscando sua habilitação desejada, embora com reflexos sofríveis ao dizer que chegou a fazer uma disciplina da grade curricular em Inglês, mas "... não fazia perguntas na sala, só ouvia".

---

[8]   No próximo capítulo tratarei da greve, aspecto que constituiu um dos componentes da visão crítica que alguns alunos – no caso em tela da FFLCH – passaram a cultivar a partir do instante em que, concretamente, iniciaram a vivência enquanto alunos da USP.

Há um outro subconjunto composto por sete alunos que ingressaram nos **cursos que tinham em mente**, embora, conforme discutido adiante, possuam trajetórias distintas de acesso.

Marcos formou-se Técnico em Mecânica. O caminho mais provável seria prosseguir os estudos em nível superior na área de Exatas, principalmente prestar Engenharia; porém, não gostava dessa área. Fizera o curso mais pensando na remuneração propiciada para seu sustento por um certo tempo. Seu desejo estava situado em área oposta: tratava-se do curso de Geografia "... sempre gostei muito de História e Geografia. Geografia mais, porque é uma coisa mais prática, é aplicável, tem mais mercado também". O projeto de vir a ser universitário não aparecia de modo claro, tanto que após o término do ensino médio nem cogitava prestar vestibular. Após a conclusão do curso técnico sentiu a necessidade de fazer um curso superior, deixando de lado um casamento já marcado.

Um ponto de convergência com alguns dos participantes foi a **pressão familiar**[9] para que fizesse um curso que lhe propiciasse **dinheiro,** apesar disso, Marcos persistiu no seu desejo de ser um estudante de Geografia, embora tenha usado alguns artifícios para driblar a vontade do pai:

> "... prestei Geografia na USP e na UNESP. FATEC e na Federal [Centro Federal de Educação Tecnológica] eu prestei na área em que trabalho, Projetos e Automação. Passei nas quatro. Meu pai falou **'você vai fazer Automação, né, pra ganhar dinheiro'.** Saiu primeiro o resultado da CEFET, fiz minha matrícula, meu pai todo contente. Saiu o resultado da USP, passei também. Nem falei nada para ele, fui lá, tranquei minha matrícula na Federal e fiz a matrícula na USP em Geografia que **é o que eu gosto.** Falei

---

[9] No caso de Lúcia, no ensino médio, seu pai não a deixou fazer Secretariado "... inteiramente machista (...) 'Secretariado jamais, jamais'".

para ele, comemorou e tudo, mas ficou com um pé atrás. Foi quando saiu uma reportagem do Fantástico [programa televisivo] sobre professores que saindo daqui, depois de algum tempo, tem um salário cerca de R$ 3.000,00 [três mil reais]. Depois ele falou 'você escolheu certo'." [risos sem parar da Lúcia] (Marcos).

A "escolha" do curso revelou-se como um momento de *tensão* na vida de Robson[10]. Essa tensão está expressa no confronto clássico entre fazer um curso do qual se gosta, porém que não traz benefícios econômicos e status e, por outro lado, fazer um curso, sobretudo, pela possibilidade de ganho material e simbólico que ele oferece, desprezando, às vezes, a realização pessoal mais recôndita, aquilo que dá prazer, satisfação "... eu escolhi História porque eu sempre gostei. No ginásio, os professores observavam que eu tinha dom para o entendimento. Só que no final do ensino médio, falei 'mas vou fazer História e **não vou ganhar dinheiro** ... sei lá ... vou querer uma profissão que me dê dinheiro, aí resolvi fazer Odontologia".

No caso de Mauro, a escolha do curso de Física ganhou substância a partir de um convite para dar aula no cursinho alternativo Educafro. Foi a experiência como professor de Física que o levou ao encontro do desejo, sempre presente, de dar aula e o motivou a fazer um outro curso superior, a partir do momento em que garantiu a "estabilidade" de ter um emprego.

Interessante contrastar sua situação com a vivida por Robson, que ficou pressionado entre o gosto e o que dá dinheiro. Mauro tentou resolver a necessidade de ganhar dinheiro para sobrevivência o quanto antes e, depois, dedicar-se ao que gosta. Ao fim e ao cabo, ambos

---

[10]   Robson possui uma trajetória de idas e vindas em dois cursos na USP: Odontologia e História. Graduou-se em Odontologia e, recentemente, acabou de abandonar o curso de História ao ser promovido para um novo cargo em seu trabalho: Perito da Polícia Civil. Retomo esta questão no capítulo V.

se aproximam no que se refere à realização de fazer um curso mais tranquilo, livre da mera obtenção do diploma para melhor disputar o mercado de trabalho. Em suma, o curso agora não é visto como aposta, trunfo para uma melhor qualificação, mas algo que dá prazer. No lugar do reino da necessidade, parece-me que entra o da liberdade, do fruir sem ter algo a atingir de antemão, por isso vivido de forma menos estressante:

> "... eu fui chamado para dar aula de Física num cursinho beneficente. Comecei a dar aula e gostei. Sempre quis ser professor, mas nunca quis nenhuma profissão para lecionar por causa do baixo salário (...) sempre tive aquela atração por dar aula. Pensei 'podia fazer uma faculdade de Física, agora que eu já tenho uma universidade, estou estabilizado numa profissão' (...) **estou aproveitando porque estou despreocupado. Não há preocupação de tirar o diploma para ir trabalhar (...) por não ter necessidade do diploma, faço o curso de uma maneira tranquila, procuro aprender mais.**" (Mário).

> "... eu tenho diploma, inscrição no CRO [Conselho Regional de Odontologia] (...) mas agora eu não estou muito preocupado em terminar logo o curso, com aquela ansiedade de querer logo o diploma. **Quero curtir a faculdade, aprender o máximo possível.** É meio complicado, *né*? Mauro: Eu acho Robson que não é tão complicado porque há uma divisão nas pessoas entre fazer o curso para ganhar dinheiro e o curso que gosta ... Robson: Só complementando, **hoje, voltando ao passado, eu me arrependo de não ter feito História, era aquilo que eu gostava, independente do dinheiro.**" (Robson).

Para Carlos, o curso foi escolhido mensurando suas possibilidades de sucesso na disputa pela vaga e o ganho econômico da profissão. Gostava de Matemática, mas não queria ser professor dessa disciplina porque achava que não tinha vocação. Após refletir sobre o que poderia fazer na área "... **não vou conseguir fazer Administração**", encontrou em Ciências Contábeis o curso que integrou, a um só tempo, a probabilidade de sucesso na obtenção da vaga, o uso diferenciado da matemática e a possibilidade de auferir renda. É fácil perceber que, ao contrário das situações sem êxito retratadas no subconjunto que tinham outro curso como primeira opção, Carlos nem chegou a tentar Administração na USP, curso que divide com Economia a maior nota de corte da unidade em que estuda. Ou seja, representa uma ocorrência corriqueira entre estudantes com desvantagens socioeconômicas que têm acesso às universidades públicas, **a escolha do curso sendo vivida enquanto autoexclusão de certas carreiras a partir de seu nível de preparação para a disputa**[11] (Cf. Ball et al., op. cit., p. 73).

"... ah, Ciências Contábeis vai mexer com número, é uma ciência exata – o pessoal disse que é a mais exata das humanas. Aí escolhi ela [sic]. Realmente, das três da FEA [Administração, Economia, Contabilidade] **era a que tinha a nota de corte menor. Eu falei 'essa é a mais fácil, tenho mais condições de entrar'**. Nem o cursinho eu consegui fazer. Então, vou direto, tem que ser a mais fácil. E acabei identificando bastante. Gosto da área humana da Contabilidade também. Pretendo me focar nela agora." (Carlos).

Na situação de Clara, o motivo para a escolha do curso está no desejo de ser professora e na facilidade das disciplinas de "Humanas". Além disso, a amplitude possibilitada pela ciência histórica, a qual contemplaria matérias diversas como antropologia, sociologia, literatura, dentre outras.

Carolina não sabia qual curso fazer. Desnorteada "... antes de entrar no cursinho fui cair de paraquedas", tentou Psicologia e não obteve sucesso. À semelhança de Clara possui uma forte identificação com o

---

[11]   Paul e Silva (1998) discutem a mesma ocorrência usando o termo autoseleção.

curso. Essa identificação iniciou-se no período de aulas no cursinho pré-vestibular, onde passou a ter uma visão diferente de "enxergar as coisas".

Eduardo sempre esteve em dúvida entre Matemática e Física. Após ter abandonado o curso de Matemática Aplicada à Informática em uma faculdade particular devido ao não pagamento de mensalidades "... saí de lá devendo", optou por iniciar um novo curso e ingressou em Física na USP.

4.2 Elementos e Ações para Ingresso

O ressentimento de Ana por ter terminado o ensino médio há um bom tempo e só agora fazer um curso superior aponta para um aspecto que atravessa a maioria das trajetórias pesquisadas, qual seja, a **idade tardia de ingresso** desses estudantes. Das dezessete trajetórias analisadas, somente três[12] conseguiram ingressar até os vinte anos. Isso permite contrastá-los com outros alunos que fazem parte dessa universidade e conseguem "entrar" com uma idade bem próxima ao término do ensino médio.

As ações empreendidas para ingresso na USP permitem diferenciar algumas clivagens entre os pesquisados.

Um primeiro subgrupo de alunos é marcado pelo **autodidatismo** e pela **base prévia**, sobretudo nas disciplinas "**exatas**"[13]. Em outros termos, fizeram *cursos técnicos, tecnológicos e até mesmo superiores* e não frequentaram nenhum tipo de cursinho pré-vestibular para in-gressar na USP, estudando por conta própria. Além das ferramentas

---

[12]   Otávio aos vinte anos, Gilberto e Carlos aos dezenove. Para os outros estudantes, ver a Ficha dos Informantes disposta nos Anexos.

[13]   Cabe dizer que Matemática, Física e Química, há vários anos, constituem disciplinas tidas como as mais difíceis para a maioria dos vestibulandos da Fuvest, independente da carreira. Por uma triste coincidência, também são as que possuem o maior déficit de professores na rede pública brasileira.

aqui destacadas, é preciso verificar cada situação particular, pois em algumas trajetórias outros elementos também foram importantes para obter êxito[14].

Marcos formou-se Técnico em Mecânica na Escola Técnica Estadual Martin Luther King, situada na zona leste paulistana. A trajetória de acesso se inicia com um presente dado pelo pai no dia de seu aniversário. A partir desse instante, fez um planejamento dos estudos e foi em busca da vaga em uma universidade pública:

"... meu pai chegou em casa no dia do meu aniversário com uma coleção de livros do ensino médio. **Meu pai estudou muito pouco, mas ele sempre me dava livro de presente**. Eu olhei aquilo ... uns livros, a Bíblia dei *pra* minha mãe. Não comentei *pra* ele, agradeci e tudo. Falei 'mãe, o pai me deu um monte de livro, mas eu terminei o ensino médio há muitos anos' [em 1996]. Quando decidi fazer faculdade, olhei *pra* aqueles livros e falei '**vou estudar por esses livros**'. Comecei a estudar em março em casa. Wilson: Era uma coleção de livros para o vestibular? Marcos: Eram uns livros de ensino médio. Tinha matérias da oitava série até o terceiro colegial. Comecei a estudar por aquilo, comprei mais alguns livros. Fiz um **cronograma** em casa. Fiz um teste no meio do ano na FATEC, não passei. Falei 'tenho que estudar mais um pouquinho'. No final do ano, prestei de novo. Foi quando prestei aqui e nas outras três faculdades. Entrei." (Marcos).

À semelhança de Marcos, Carlos também tinha formação técnica em Mecânica, realizada no SENAI – Serviço Nacional de Aprendizagem Industrial. Como não tinha condições de pagar um curso prévestibular normal e não possuía informações a respeito de cursinhos de caráter alternativo, o meio que encontrou foi estudar sozinho a

---

[14]   É justamente aqui que se pode verificar a confluência com aspectos discutidos sobremaneira no capítulo II, tais como a socialização familiar que tiveram, o papel dos pais, irmãos e professores, dentre outros.

partir de material fornecido por colegas "... fiz uma 'catança' com os meus colegas de uns livros". Tinha acabado de terminar o ensino médio e tentou, além da USP, um curso superior tecnológico na FATEC – Processo de Produção. Teve sucesso em ambos. Chegou a frequentar o curso durante uma semana, quando saiu o resultado da USP e optou por Ciências Contábeis.

Isabela também fez colegial técnico[15]. Formou-se em Laboratório Industrial, um curso que mescla conhecimentos aprofundados de Química com Física e Metalurgia, na Escola Técnica Estadual Lauro Gomes, situada em São Bernardo do Campo. Acresce-se que seu colegial durou quatro anos, de 1991 a 1994. Seu desejo era ter estudado em um colégio particular tendo em vista o objetivo de alcançar a vaga no curso de Medicina; porém, como a situação familiar não lhe permitia isso, optou pela escola técnica Lauro Gomes "... era um colégio tido como forte; pelo menos na área de Exatas eu teria bom conhecimento. E na área de Humanas eu sempre gostei muito de ler".

Mauro e Eduardo já possuíam a experiência do curso superior antes de ingressar na USP. Mauro formou-se Tecnólogo em Mecânica pela FATEC – Faculdade de Tecnologia de São Paulo, ligada à UNESP. A base adquirida nesse curso foi central para o sucesso no vestibular da Fuvest "... se eu tentasse entrar aqui quando prestei para a FATEC, com certeza não dava, muito difícil". Eduardo fez dois anos de Matemática em uma faculdade particular em Santo André, o que o ajudou nos conteúdos de Física e Matemática. O estudo das matérias restantes foi realizado em livros obtidos nas bibliotecas. Preparou-se durante seis meses.

---

[15] Fez cursinho pré-vestibular nas várias vezes que tentou ingressar na Medicina. Mas ela é inserida nesse subgrupo pelo fato de que conseguiu "entrar direto" com os conhecimentos acumulados e fazendo revisões por conta própria nos dois cursos que fez na USP – História e Ciências Contábeis – o que demonstra o seu forte preparo "... História não foi tão complicado, depois, para fazer PUC também não estudei. *Pra* retomar Ciências Contábeis eu estudei em casa".

Há dois casos particulares que se afastam desse subconjunto delineado no que se refere ao aspecto de não terem feito cursos técnicos ou superiores. Por outro lado, esses casos se aproximam das cinco experiências anteriores em relação ao autodidatismo, embora, à semelhança de Isabela, também fizeram cursos preparatórios em um determinado momento de suas trajetórias.

A trajetória de ingresso de Robson até a USP possui dois momentos. Um primeiro, faz mais de vinte anos, remete ao ano de 1985 quando iniciou a busca pela vaga no curso de Odontologia na USP[16]. Não passou no primeiro vestibular que tentou com os conhecimentos obtidos em um cursinho pré-vestibular de curta duração feito com bolsa de estudos. Porém, conseguiu ir para a segunda fase. No ano seguinte, preparou-se ao longo do ano no cursinho Objetivo e "entrou". Para conseguir a vaga em História, estudou sozinho mediante o uso de apostilas "... tem muitas coisas que eu já sabia ... **eu gosto de estudar sozinho**".

O outro caso se refere à situação vivida por Antônio. No ensino médio, fez o vestibular e teve um desempenho muito baixo que o marcou profundamente "... foi horrível, das 160 questões, acertei 20", só superando tal imagem de fracasso quando conseguiu a vaga. Foi em busca de um plano para o acesso. Obteve informação de uma professora a respeito do cursinho da Poli, na época com um caráter mais alternativo, pois Antônio não tinha condições financeiras. Após uma caminhada difícil, mas persistente – expressa nos dias em que fazia o cursinho, todos os sábados e, algumas vezes, aos domingos – ingressou no curso de Letras na USP. Deixou o curso de Letras e, estudando sozinho, ingressou em Geografia.

Quando analisamos os anos de preparação em cursinhos pré-vestibulares até a chegada à USP ou, na mesma direção, um número

---

[16] Odontologia é um curso que sempre manteve uma disputa de média à alta na USP.

relativamente elevado de tentativas para a entrada em cursos de baixa concorrência, há um outro subgrupo que contempla estudantes que possuem uma **longa trajetória de ingresso** marcada pelo uso de ações que poderiam ser definidas como equivocadas. Logicamente, esse "equívoco" está inextricavelmente ligado a aspectos que venho discutindo neste trabalho como a socialização familiar, o percurso nos níveis escolares anteriores, bem como o seu trajeto de formação particular. Um **desconhecimento do *modus operandi* do vestibular da Fuvest**[17] poderia ser aqui utilizado como eixo explicativo para esse subconjunto, que, mesmo "conscientes" de que não tiveram uma preparação suficiente nas escolas públicas que frequentaram – a tão conhecida base fraca ou falta de base –, "tentam" a USP *sem fazer cursos preparatórios ou só estudam disciplinas das quais gostam ou tenham facilidade*. Há uma proximidade em relação a esse aspecto nas trajetórias de Jonas[18], Adauto[19], Rose[20] e, sobretudo, Clara e Mário – um caso muito à parte:

> "... praticamente tive que refazer o meu ensino médio. Eu não tinha **noção** de como era a prova do vestibular, de como era acirrada a competição, a concorrência, então eu não estudei o que devia. No segundo ano, fiz cursinho da Poli (...) **só que estudei só Humanas** (...) eu só percebi isso depois que, **na segunda fase, não me dei bem**. No terceiro ano, tentei uma bolsa no Anglo [curso pré-vestibular], consegui um desconto, pagava metade. **No Anglo** falei

---

[17] Ao contrário de outros pesquisados, somente no cursinho eles passam a entender como as coisas funcionam. Gradualmente, vão tendo consciência do *modus operandi*. Mas há um preço a pagar, qual seja, um ingresso bem posterior.

[18] "... A Fuvest me ganhou muito dinheiro [risos]. Foram três vestibulares". Nas duas primeiras não fez cursinho. Na última, vez o cursinho da FEA-USP, de caráter comunitário.

[19] Tentou entrar no cursinho da Poli e não passou na prova. Tentou a USP duas vezes: Direito e Letras. Entrou em Letras.

[20] Três tentativas de ingresso. Duas vezes para Filosofia, com e sem cursinho, não passou. Na terceira, passou em Letras. Fez o cursinho Anglo com desconto obtido mediante prova de bolsa. Complementava o restante da mensalidade com parte do salário.

'não, agora eu vou estudar Exatas'. Aprendi um monte de coisas que acho ridículo hoje (...) fiz muito assim f (x) logaritmo para tentar entrar." (Clara).

"... eu deixava as matérias de Exatas de lado, deixava. Colocava mais História, Geografia, Biologia, Português ... eu arrebento nas disciplinas que eu gosto." (Mário).

"... quando eu saí do colegial não quis fazer cursinho, aí eu fui e dei com a cara nos burros n'água. O cursinho te dá parâmetro, né?" (Jonas).

"... a maior parte do que é cobrado no vestibular, a gente não tinha visto no colégio." (Adauto).

O grande período que permaneceu fazendo vários processos seletivos contribuiu para reforçar um traço *sui generis* na trajetória de Mário. Entre os pesquisados, foi o que mais fez tentativas para ingressar na USP. Passou por seis exames vestibulares, cinco dos quais sem êxito: prestou Ciências Contábeis, Letras, Relações Públicas duas vezes, Relações Internacionais e, por fim, entrou em Geografia. Além disso, somam-se as tentativas realizadas para entrada no cursinho da Poli "... esse cursinho era difícil de entrar (...) durante o ano eles faziam vários ... Tomei pau três vezes" e uma tentativa frustrada na FATEC. Alguns elementos ajudam a compreender esse processo tão longo e discrepante perante os demais. Um primeiro refere-se a um nível de ensino público tido como fraco, insuficiente diante das exigências de um vestibular do tipo da Fuvest. Embora exagere "... o segundo grau que eu tive foi de três anos de greve", é importante registrar que alguns desses estudantes vivenciaram, tanto no ensino médio público como enquanto estudante da USP[21], a ausência de aulas. Sem dúvida,

---

[21]   Sobretudo para os estudantes de Geografia, Letras e História – FFLCH. Esse aspecto será retomado no capítulo V, pois constitui um dos elementos que permite a transição de uma imagem idealizada para uma imagem realista da USP para um subgrupo de alunos. Além disso,

quando combinado a outras características da rede pública de ensino, tal fato interfere nas condições de acesso, pois atinge o conteúdo cobrado nos exames.

Um segundo elemento é a indecisão quanto a que curso fazer "... nunca sabia qual curso eu queria prestar. Até falei 'ah, vou prestar Geografia que eu não vou tomar pau e é uma matéria que mais ou menos eu gosto' (...) aí consegui entrar". Porém, sabemos, o objetivo de Mário era outro. No decorrer dos vários vestibulares ele ia estimando a sua probabilidade de atingir o alvo – geralmente mais concorrido do que o curso que faz. Tinha consciência de que as diversas pontuações obtidas nos vários certames eram suficientes para entrar em cursos menos concorridos. O fracasso nas várias tentativas feitas se convertera em cobranças. O alvo encontrava-se sempre em patamar mais elevado, forçando-o, no final, a se contentar com um curso que não corresponde ao seu desejo inicial "... quando der, vou entrar (...) as notas que eu atingia no vestibular dava para passar em outros cursos da USP, **não exatamente naquele curso que eu** ... aí eu falei 'não, agora eu vou entrar, vou prestar Geografia e vou entrar'. Tem gente que falou '*pô*, Mário, *cê tá* prestando várias vezes na USP'. Vou prestar e vou entrar, esse daqui eu entro".

Por fim, há um outro subgrupo que se preparou em cursinho[22], sabia de sua **importância para o sucesso na obtenção da vaga** e utilizou-se, também, de estratégias para se **familiarizar com o tipo de seleção**. Assim, Ana seguiu as recomendações de pessoas que diziam ser o cursinho elemento necessário para ter acesso "... sempre me disseram: sem cursinho não adianta que você não vai conseguir entrar na USP". Associado à avaliação negativa do ensino que tivera

---

foi um dos fatores que levaram Antônio a abandonar o curso de Letras, bem como motivo de insatisfação com o curso das estudantes Lúcia e Rose.

22   Durante o período de um ano.

na escola pública, Ana não quis se "... aventurar a tentar o vestibular para não passar e ficar chateada". Para Lúcia o cursinho também foi uma necessidade, embora devido a outro motivo "... eu tinha ideia de que eu não ia conseguir entrar na USP porque já estava há dez anos sem estudar. 'Vou fazer cursinho e passar o ano inteiro estudando.' Foi o que fiz, passei Natal e Ano-Novo estudando para a Fuvest e entrei na primeira".

Otávio fez vestibular para a USP antes de fazer cursinho, porém, ao contrário de alguns estudantes aqui retratados, o intuito era para conhecer o processo, "ver como é". Utilizou a estratégia do "treineiro", na qual pessoas que ainda não completaram o ensino médio tentam ingresso nos vestibulares das universidades públicas como forma de já ir se treinando pedagógica e emocionalmente para a disputa. Além disso, *deixou o trabalho* para dedicar-se com mais afinco aos estudos " ... no ano em que ela [irmã] passou, eu tinha prestado já (...) eu saí do colégio 'bom, vou prestar vestibular na USP. Não vou passar, eu sei que não vou passar, **mas eu vou ver como que é isso e qual é a dificuldade de passar no vestibular**. Eu me lembro que se eu tivesse colocado Ciências Contábeis eu teria entrado, porque tinha nota suficiente para passar. No outro ano eu fiz cursinho. Parei de trabalhar em outubro, falei 'não vou trabalhar para estudar este último mês, tentar **revisar**'." (Otávio).

Diversos sacrifícios como conciliar trabalho integral e estudos, estudar nas férias, fazer cursinhos aos sábados e domingos, ler no ônibus, aproveitar o pouco tempo que sobra para estudar, "não ter vida social", dentre outros traços, podem ser agrupados em uma categoria-chave para a compreensão do acesso – e também da vivência conforme veremos – das trajetórias pesquisadas. Denomino-a **esforço descomunal**. Um esforço tremendo em busca da vaga como questão de honra, conforme bem condensado na fala de Ana "... incansável porque eu queria porque queria". Mas outros indivíduos do mesmo estrato social também não se esforçam em sua luta pela vaga em uma universidade pública? Sem dúvida que sim, porém, quando articulamos com outras dimensões constituintes de suas vidas, esse esforço transforma-se em um poderoso catalisador que lhes permite ter certas vantagens para ingresso na USP. Uma ferramenta que vem sendo talhada desde o núcleo familiar e desenvolve-se ao longo de uma vida que não admite outra postura a não ser de muita luta[23] em busca dos objetivos, a despeito das muitas dificuldades e obstáculos enfrentados:

"... acho que a mistura de pobreza, ausência dos pais [eles trabalharam durante toda a minha infância] e o exemplo de meu irmão me transformaram numa pessoa que procura uma ascensão através do estudo, do esforço e do trabalho. Isso me deu uma forma de pensar diferente, onde eu devo depender o mínimo dos outros e procurar sempre **me virar** sozinho, **correr atrás** dos objetivos sem depender de ninguém (...) fiquei seis meses estudando em casa. Trabalhava e estudava à noite. Estudava, estudava, estudava." (Mauro).

"... vai **se virando** do jeito que dá. Chorei bastante em cima daqueles livros porque tinha coisas que não dava para entender. Matéria tipo logaritmo não tinha tido na escola. Tive que **aprender sozinho**. Saí do colegial, peguei os livros, fiquei o ano inteiro estudando. Mas daquele jeito: chegava do trabalho 18 horas e ia estudar até às 21 horas. *Cê* **capotava no livro**." (Carlos).

"... fazia o cursinho de segunda à sábado, das 19 às 23 horas, depois do trabalho. Trabalhava das 8 às 18 horas. Pagava meio salário mínimo. Fiz o cursinho da FEA/USP." (Jonas).

"... fui fazer cursinho da Poli lá na Água Branca. Morava na *pqp*, atravessava a cidade, porque eu não podia mais pagar um curso comercial." (Carolina).

---

[23] Quando discorrem sobre o acesso e a vivência na USP, as falas remetem à ideia de esforço: luta, batalha, sobrevivência, carga de leitura, dentre outros. Voltarei a isso, pois esse aspecto semântico nos diz muito.

"... 'viemos para trabalhar, pois as condições eram difíceis. Trabalhava e só conseguia pagar contas, comida. Meus avós maternos já moravam em São Paulo' (...) Em 1998, prestou o cursinho da Poli e não entrou. Em 1999, trabalhava nove horas por dia e fazia o cursinho da Poli. Diariamente, seu trajeto era pegar um ônibus até a Estação de Trem de Santo Amaro, ir até a Estação Cidade Universitária e subir a rua Alvarenga a pé [rua paralela à Portaria Central da USP] e chegar na rua MMDC onde se localizava o cursinho. Em 2000, ficou estudando em casa para não perder o ritmo. Foi trabalhar em uma indústria de componentes eletrônicos no almoxarifado. Em 2001, fez o mesmo que no ano anterior. Em 2002, trabalhava o dia inteiro e fazia o cursinho da Poli na Lapa. Pegava trem para ir. A rotina: saía de casa às 7 horas, saía do cursinho às 22h45, chegava em sua casa às 24h30 e ia dormir às 1h30. Dormia quatro horas por dia **'Se sentasse eu cochilava no serviço. Tinha que ficar de pé para fazer a conferência dos materiais'.**" (Adauto – diário de campo).

Em suma, ao contrário dos achados de algumas pesquisas sobre trajetórias de indivíduos de baixa renda que conseguiram chegar ao ensino superior, as quais apontam formas distintas de investimento pedagógico como centrais para explicação: compra de livros, compra de material didático extra, concessão de tempo para dedicação aos estudos, aposta total no primogênito por ter mais disciplina e desse modo conseguir melhor adaptar-se aos estudos[24], dentre outros, percebe-se que é um ambiente familiar calcado num **ethos do esforço** e responsabilidade, que produziu configurações nas quais o estudo teve condições de exercer algum tipo de atração para tais estudantes; onde os filhos possuíam certa liberdade para trilhar caminhos vários, sem imposições, contanto que cultivassem o gosto pelo estudo – certa **estabilidade emocional;** pais trabalhadores em ocupações de baixo prestígio, com baixo capital escolar, porém com um papel

---

[24]   Lahire (1997), Sousa e Silva (2003), dentre outros.

ativo – sobretudo mães – em incutir o **gosto pela leitura**; uma **postura curiosa, atenta,** manifestada nas conversas de Adauto com seu irmão sobre "quais disciplinas eram dadas na faculdade", bem como pelo *insight* de Ana no momento do vestibular "...tem coisas que por mais que você não tenha estudado, com sua vivência, sua história de vida, você assiste a um jornal, dá para associar alguma coisa e chegar a uma conclusão"; uma certa **experiência em processos seletivos** às custas de "vestibulinhos" e provas em cursinhos comunitários, além de **base** em algumas disciplinas centrais propiciadas por passagens em escolas técnicas e faculdades. Junto a tudo isso um **grande esforço**. É a confluência de tais aspectos que foi determinante para a entrada desses estudantes na USP.

4.3 Cotas na USP?: Um Pequeno Debate

Quando da realização do terceiro grupo focal, Antônio fez questão de se lembrar de uma questão em sua trajetória de estudante negro. Questionou a informação dada pelo Censo Étnico Racial da USP, o qual indica uma maior presença de alunos negros nos cursos de Ciências Humanas. Pela sua observação, o **acesso da população negra na USP continua extremamente restrito, independentemente da carreira escolhida**. Após apontar esse fato, Otávio discordou da adoção de cotas raciais na USP e, nesse instante, começou uma excelente discussão sobre o tema da reserva de vagas – raciais ou sociais. Esse tópico não apareceu nos dois grupos anteriores e não estava no roteiro. Apesar da importância e atualidade dessa proposição que vem sendo debatida na sociedade, entendo que poderia deslocar o foco das questões de pesquisa que tinha a intenção de aprofundar.

Embora, dos quatro participantes, somente Antônio tenha defendido a cota social na USP – os outros discordaram veementemente –, foi garantida a todos a manifestação livre de suas opiniões e em nenhum momento emiti meu posicionamento durante o debate. Assim, reproduzo os argumentos e contra-argumentos dos participantes envolvidos:

"Antônio: Depois que comecei a estudar (...) colocam a seguinte ideia: no caso da população negra, falaram que é muito comum nas Humanas 'oh, nas Humanas você vai encontrar a maior população negra'. Engraçado, depois que comecei a frequentar o curso, às vezes, vê eu [sic] enquanto pessoa negra na sala. Não é dessa forma.

Wilson: Mesmo nas Humanas?

Antônio: Mesmo nas Humanas.

Wilson: O Censo Étnico Racial da USP fala isso, eles estão concentrados nas Humanas, mas você pensa ...

Antônio: Eu não consegui enxergar isso, porque ou não tem aqui nesse ano em que eu entrei, nesses três anos a gente encontra um ou outro, **mas dá para apontar, né?** (...) eu fiz um cálculo: a mesma quantidade na Geografia e na Letras, eu já consegui ver o pessoal circulando em outros cursos por aí.

Wilson: Por que você acha que é assim, por que isso é assim?

Antônio: Não sei, até vi isso como uma força de falar assim 'olha, a etnia negra está condicionada a estudar nesses cursos, então não vá para Exatas porque não dá certo. Prova disso é na USP que tem a maior concentração'.

Wilson: Mesmo nas Humanas você acha que é baixo o índice?

Antônio: É baixo ou empata em relação a outros cursos, porque eu já ouvi pessoas declararem 'Olha, vou fazer Humanas porque a gente se dá bem com Humanas'. Não 'você faz aquela que você gosta. Você está bem em Matemática? Então, vai para Matemática, não adianta acreditar nesse Censo, nesse número'.

Wilson: Isso onde você viu?

Antônio: Eu vi o número aqui mesmo e na cidade, enquanto voluntário dando aula em cursinho [trata-se de um núcleo do Educafro] alguém ... aluno já me perguntou e eu coloquei *pra* ele 'eu não consigo ver esse número não'.

Otávio: Mas você tem quantidade de pessoas negras comparadas ... por exemplo, nos três anos de FEA que eu tive, tenho um amigo que ele é negro, o resto eu não me recordo de mais ninguém. No IME, eu não me lembro de ninguém. Quando eu venho aqui *pra* FFLCH, Geografia, eu passo na frente, de fato você percebe que tem uma população um pouquinho maior. Assim, igual você falou, não é muito, **não vou falar que é muito** (...) **mas, é mais do que os outros.** Você vai na Escola Politécnica, eu lembro que eu não falei com nenhum negro na Escola Politécnica, bastantes japoneses. Mas falar 'os japoneses estão todos na Escola Politécnica?'. Não, os japoneses estão na área de Humanas, mas a concentração maior está na Escola Politécnica. Eu acho que tem mais.

Antônio: Aí é engraçado, coloca assim: **tem mais. Mas, mais em número ou mais em relação a uma pessoa?**

Otávio: **É mais em relação a uma pessoa.**

Antônio: Então, porque, às vezes, é assim: **porque tem zero nas outras, aqui tem um.**

Lúcia e Otávio: **É** [risos do Otávio].

Otávio: Mas eu acho que o grande problema disso é porque a cultura de nosso país nunca ajudou muito os negros. **E hoje eles *tão* fazendo uma coisa que é uma aberração que é [sic] as cotas, eu acho que isso aí não deve existir. O que deve melhorar é a escola pública** (...) deve melhorar o ensino médio público para estar fazendo entrar na faculdade, porque eu acho que a igualdade é de todo mundo.

Wilson: Quais as opiniões em relação a isso, de ter cotas ou não?

Marcos: Não, sou totalmente contra as cotas.

Wilson: Por que você é contra?

Marcos: Primeiro, **as cotas você está resolvendo a consequência, não a causa.**

Lúcia: É, exatamente.

Marcos: O problema que causa essa exclusão. O que causa essa exclusão? É a USP que causa isso? É a universidade que ... não, não, o problema *tá* lá atrás, no ensino fundamental e médio e o problema social também que nós temos no Brasil – não é só a educação que vai resolver, também tem que pensar isso: não é só a educação que vai resolver, nós temos um problema social no país. Então, são [sic] uma série de fatores, aí eles tentam resolver todos esses fatores nas cotas. Você vai criar mais discriminação.

Lúcia: Também acho.

Marcos: Você vai acabar gerando mais discriminação dentro da universidade.

Lúcia: É, eu concordo ... nem vou repetir tudo. É maquiar o problema, eu acho. **As cotas é uma forma de maquiar o problema**.

Antônio: **Eu acho que não deveria usar esse título: cota para o negro. Não, esse daí não pega bem.** E, também, pelo que eu entendo, não é isso o desejo. Agora, assim, se fosse o caso: **cota para alunos de escola pública** [fala bem pausado].

[Otávio interrompe]: Opa!, também não, meu caro.

Wilson: Não, espere, deixe ele [sic] falar.

Antônio: Não, mas aí tem um detalhe, a gente teria um detalhe: oh, se você quer melhorar ... **a gente sabe que a escola pública está com uma deficiência, há anos ninguém faz nada.** Então, agora você vai estar abrindo aqui, na faculdade, esse **direito** desse aluno. Porque, **do jeito que está esse ensino médio ... não tem como** (...) **a maior parte não vai conseguir chegar diretamente aqui, entrar nessa universidade.** Então, faz o seguinte: metade dessas vagas aqui é para qualquer um e a outra metade é *pra* qualidade que é dada nesse tipo de ensino.

Otávio: Uma coisa que ele falou aí que foi a questão quando ele entrou na faculdade. Ele teve que voltar um pouquinho *pra tá* pegando as coisas que ele devia ter aprendido no ensino médio [refere-se ao trecho em que Antônio disse que retomou estudo de assuntos do ensino médio. Retomado no capítulo V, adiante]. Ele fez cursinho e conseguiu se igualar às pessoas antes de entrar aqui na faculdade.

Agora, imagine uma pessoa que veio da escola pública do jeito que está hoje, o que tem que fazer? Vai ter que fazer um ano de ensino médio para essa pessoa aqui na faculdade, porque ela não vai ter condições de *tá* continuando a universidade.

Lúcia: É, o problema não é a ...

Otávio: Não, não cabe a ela fazer isso. Eu acho que tem que melhorar lá atrás e **as pessoas que já passaram por isso, o governo** tem que consertar isso, consertar o que já fez errado. Como? Fazendo **cursinhos de forma que a pessoa aprenda o que ela não aprendeu antes** de entrar na universidade. Aqui não tem mais ... **aqui é** *pra* **entrar sabendo do ensino médio.**

Marcos: Uma coisa que o Antônio falou, é a opinião dele, mas **eu não concordo nem com cotas** *pra* **negros,** *pra* **brancos,** *pra* **pobres,** *pra* **não sei o que ... sou contra as cotas,** *né* **... essa forma de seleção, totalmente contra.**

Antônio: Eu acho que *pra* entrar aqui, tem que se pagar. E pagar significa que aquela função do ensino médio não está sendo cumprida. Porque ... **você vem de escola pública, então você não entra na USP, você tem que pagar um cursinho.** Então é assim: além de contribuirmos com imposto, tudo direitinho, você ainda tem que financiar isso daí. O governo não precisa usar o termo cota, não é? E também não precisa mudar a estrutura da faculdade pagando um curso para o aluno. Era só garantir que, a partir de um método público, da escola, de um cursinho em cada unidade, tivesse direito o aluno de estudar, frequentar e vir. Pronto, resolvia. E até mesmo, tem que ter prova sim para os que têm cota, porque dentro dos que têm cotas, tem um que tem interesse, está lá de viagem – ele está se apropriando de alguma característica agora física *pra* estar chegando nesse objetivo dele (...) tinha que ser corrigido a partir desse financiamento aí."

capítulo V

ESTUDANDO

5.1 Imagem

"... A partir do momento em que você é aluna, você enxerga as coisas de outra forma." (Carolina – História).

Uma visão crítica permeia as trajetórias estudadas, marcando a passagem do acesso para a vivência na USP. Crítica no sentido forte do termo, pelo reconhecimento das vantagens de ser aluno de uma universidade de prestígio e, entretanto, tendo consciência dos limites e entraves enfrentados cotidianamente. Ou seja, com a entrada na USP, há uma atenuação do caráter mágico anteriormente delineado[1]. Esse olhar ponderado reverbera de vários modos, permitindo-nos traçar pontos de convergências e algumas singularidades entre os informantes.

Inicialmente, cabe apontar uma especificidade dos cursos da Faculdade de Filosofia, Letras e Ciências Humanas – Geografia, História e Letras. Nessas carreiras, a **decepção com a estrutura física** das respectivas unidades em que estudam, manifestada tanto nos problemas infraestruturais como na superlotação de salas e espaços

---

[1] Conforme discutido no capítulo III, item 3.2.

mal dimensionados bem como na **falta de professores e ocorrência de greves** prejudiciais ao andamento normal das aulas[2], dentre outros elementos específicos, lançarão à "realidade" alguns estudantes, forçando-os a esmaecer, às vezes de forma dolorosa, a percepção idealizada antes cultivada.

Jonas desenvolve essa ponderação contrastando a vivência concreta dos problemas existentes e a visão dos que estão fora da USP "... **não é só mil maravilhas**. As pessoas pensam que só tem coisas boas. Quando eu entrei, eu vi os problemas (...) problemas de acesso a laboratórios, recursos humanos, então a universidade tem carências que **aos olhos de quem está de fora** acha que não tem. Acha que lá tem tudo".

Há um contraponto entre a imagem anterior, marcada pela impressão de um funcionamento impecável e a mácula consumada na consecução das atividades básicas, instante em que aparecem os contratempos. Alguns comparam essa situação àquela encontrada na faculdade privada. Outros a comparam aos outros cursos. Em ambos, o sinal indicativo de "perda" da imagem mítica antes compartilhada. As instalações são tidas como mal dimensionadas e degradadas, indicando um quadro de precariedade.

> "... eu achava que era tudo certinho, que tinha recursos. Eu faço Letras e a gente vê a biblioteca tem muitos livros, variedade. Só que tem pouco em relação à quantidade de alunos (...) as salas lotadas. Eu faço Espanhol, às vezes você precisa ver filmes, ouvir, volta e meia os aparelhos estão quebrados. Então, é esse tipo de coisa que acaba **manchando** aquela imagem que a gente tinha antes: tudo é perfeito, tudo certinho (...) **até** as faculdades particulares em questão de infraestrutura física, material, têm mais recursos." (Ana).

---

2 "... já não me lembro que semestre eu tive inteiro. Só lá no primeiro ano, um único semestre" (Clara).

"... a minha experiência em Letras: professores que não têm salas, que têm duzentos alunos para ter aula, sala sem ventilador com duzentos alunos, *né?*, isso é típico. Os banheiros são horríveis, falta de espaço para o pessoal se encontrar, até para tirar dúvida com o professor – que a salinha é desse tamanhinho [faz gesto denotando espaço pequenino] – se chegar dez pessoas não consegue (...) dependendo do dia em que você for lá vai ver **gente no corredor** ouvindo o professor. Falta de professores é reclamação, inclusive deles, que têm sala com duzentos alunos porque **não tem professor *pra* dar aquela matéria**. (...) achei que fosse uma estrutura bem melhor, então, isso já me deixou um pouquinho frustrada com a ideia de USP porque o **nome é tão engrandecido que a gente imagina que tudo seja perfeito**. Eu tinha essa ideia, que tudo era excelente na USP. Eu fiz prova na UNIP [Universidade Paulista, particular] (...) quando eu usei o banheiro da UNIP eu falei 'quero morar nesse banheiro' [risos na sala]. Quando eu vim aqui no banheiro da Letras 'Meu Deus, que lugar é esse, **não é possível que seja USP**, errei de prédio'." (Lúcia).

"... no curso de Geografia usamos mapas antigos. Alguns documentos já deveriam estar digitalizados, exatamente para ter um trabalho muito parecido com o que é o da realidade. São poucos os computadores disponíveis. Olhando para outros prédios, falta sim uma ajuda. O prédio precisa de uma reforma. Falta à FFLCH ou à Geografia mostrar esse lado também, a sua política, aquilo que ela desenvolve, aplicar em seu benefício." (Antônio).

"... nós temos um problema aqui de estrutura – salas pequenas, falta de salas, falta de cadeiras – e temos um problema muito grande com [falta de] professores na FFLCH. A estrutura física aqui é muito deficitária, principalmente na área de Humanas – na FEA nem tanto, na POLI é um pouco melhor." (Marcos).

"... a gente entra na sala, às vezes chega atrasado e **não tem lugar para sentar**. Tem que ir em outro lugar pegar cadeira (...) a biblioteca estava com livros mofados e tinha que entrar com máscara." (Robson).

A estrutura física, por outro lado, não se configurou como fator determinante para "trincar" a imagem uspiana perante os estudantes dos cursos de Ciências Contábeis e Física. Muito pelo contrário, ela foi um dos elementos que permitiu distingui-la de outras instituições menos estruturadas. Exemplo maior encontra-se no deslumbramento do Mauro em relação à infraestrutura do Instituto de Física. Esse contraste vem expresso por meio da contraposição entre a USP – estrutura excelente, onde as coisas funcionam – e FATEC – estrutura precária, marcada por falta de recursos para o bom andamento do curso. Também Carlos e Otávio realçaram a estrutura física da FEA, além da não existência das greves[3].

> ... na FATEC tem muitos problemas, maiores do que na USP. Experimentos virtuais 'Isso aqui é uma bomba que está funcionando. Imagine que está levando água para cá' (...) Quando eu entrei aqui, levei um **choque** porque os laboratórios funcionavam [risos de todos]. Os laboratórios da Física funcionam. Eu acho que é o lugar que possui os laboratórios mais arrumados. **Eu fiquei uns dois a três meses até cair a ficha** que eu estava estudando na USP. Via as calçadas limpas, tudo bem organizado, uma estrutura sem igual que a FATEC não oferece nem parte. Foi uma diferença brutal (...) **tive uma ótima impressão da USP**. O Instituto de Física, por **receber muitas verbas de pesquisa**, se mantém impecável. Eu sei que aqui nas Humanas tem problemas, mas ... lá funciona tudo (...) o laboratório de eletromagnetismo tem um computador quase para cada aluno, você faz o experimento, já faz a planilha tudo ali (...) a USP em si, por exemplo, CEPEUSP, bibliotecas da Física são muito boas." (Mauro).

> "... o pessoal fala que a FEA é um shopping ... não deve nada realmente. É uma infraestrutura muito grande, **tem de tudo** – tem laser, projetor, ar-condicionado, os melhores professores." (Carlos).

---

[3]   Geralmente, quando das greves na USP, não há um apoio da maioria dos professores da Faculdade de Economia, Administração e Contabilidade.

Mas os problemas para esse subgrupo de alunos podem ser expressos em uma divisão entre o **didata**, aquele professor que sabe transmitir o conhecimento e o **pesquisador** não talhado para o ofício de ministrar aulas. Assim, Carlos, Mauro e Eduardo manifestam descontentamento. Essa dicotomia acabou por esmaecer a visão anterior que alguns tinham a respeito da USP, conforme bem expresso, sobretudo, pelo Eduardo e Mauro. Ligado a tal contraposição, há a polêmica em torno dos cursos pagos em fundações da USP[4], tendo como desdobramento o fato de **pós-graduandos assumirem as aulas** dos professores[5], gerando grande desconfiança entre os estudantes ao tocar em ponto muito discutido e pouco mexido, qual seja, a valorização da pesquisa em detrimento do ensino, ou, mais precisamente, a valorização da pós-graduação e o "abandono" ou não valorização da graduação[6]:

"... dão mais foco para eles do que para a gente ... os professores acabam migrando para o MBA [Master Business in Administration – mestre em gestão de negócios, recobrindo várias áreas da administração empresarial], em vez de dar aulas para a gente (...) o pessoal joga a batata na mão dos mestrandos. Algumas matérias ficam a

---

[4]   Essa polêmica perpassa o meio acadêmico em debates na própria USP, nas revistas especializadas sobre ensino superior, bem como nos momentos de greve e manifestações dos alunos e sindicato dos docentes uspianos. Há um espectro que recobre desde os que defendem a existência das Fundações devido à injeção de recursos que ela propiciaria; os que repudiam querendo a proibição total, por entenderem que esse é um caminho para a privatização da USP e, por fim, uma postura moderada, aceitam a existência desde que haja um controle rígido sobre as mesmas. Em nosso estudo, Otávio faz um contraponto com Carlos, defendendo o papel das Fundações no que diz respeito ao financiamento das instalações da FEA "... eu não consigo entender por que há movimento tão grande de alunos, não é de profissionais da área, contra as Fundações. Acho isso um absurdo!".

[5]   Cumpre dizer que Marcos, estudante de Geografia, questionava o fato de pós-graduandos participarem de modo direto da avaliação do aluno "... o que eu não gosto na Geografia é quando eles pegam orientando de mestrado ou doutorado e põe para corrigir as provas, dar nota".

[6]   Cabe lembrar que, nos últimos anos, com as constantes greves das universidades públicas paulistas, este tema foi um dos pontos mais discutidos nos vários debates ocorridos. Foi motivo de disputas acaloradas, na mídia impressa, entre visões distintas sobre a designada "crise universitária brasileira". Nunca é demais lembrar: pesquisas possuem um valor maior na carreira docente dessas universidades.

desejar. Matemática Financeira é básico para a gente. Tivemos um ensino horrível. Foi um desses professores que abriu a Cadeira, aí o mestrando se perdeu na aula ... realmente teve um problema aí – não foi só eu, foi geral (...) tem os professores, tem os pesquisadores. O cara não gosta de dar aula e ele está sendo obrigado a dar aula. Para ele é um suplício dar aula para a graduação. Ele chega lá, dá sua primeira aula, depois 'Oh, agora nós vamos dividir os temas aqui e vamos fazer seminário o semestre inteiro' e aula que é bom ... não vou dar (...) você tem ali os principais profissionais da área, **eles têm conhecimento, mas tem uns que não têm didática**." (Carlos).

"... na Física existem pesquisadores que não são bons professores. Na FATEC, apesar de tudo, você tinha uma certa homogeneidade dos professores ... não existiam professores com tanta dificuldade em dar aula (...) mas existe na Física professores que têm imensas dificuldades em dar aula. Robson: Falta de didática não é? Mauro: **Falta de didática completa,** e teve professores que chegaram a acabar o semestre dois meses antes 'Oh, a matéria acabou ... o que vocês tinham que aprender, aprenderam. Finish'. Isso eu acho uma mudança muito drástica. Existem professores na Física muito bons e existem muitos ruins (...) por não gostar de dar aula deixam buracos em sua formação. Tive dois professores de Cálculo horríveis e agora um professor 'Oh, Cálculo vocês deveriam saber. Toma, resolva isso, resolva esse cálculo' [risos gerais] (...) **muitos professores na Física preferem fazer pesquisa do que [sic] dar aula.** Eles abandonam de certa forma a aula. Robson: Na Odontologia o professor titular dá no máximo uma aula durante o curso todo. Quem vai é o assistente, o mestrando, dão muitas aulas. O professor titular mesmo ele dá uma aula magna. Mauro: Os laboratórios, apesar de equipados, eles têm um grande problema com monitoria. A primeira matéria básica – que eu já tinha feito na FATEC – quase desisti porque o monitor era tão ruim, mas tão ruim que quase tranquei a matrícula. Eu acho que isso é um **aspecto negativo**." (Mauro).

"... quando eu entrei lá o que eu descobri? Os professores da USP não são professores, são pesquisadores. Pelo menos na Física, não todos, tem alguns muito bons lá. Mas a grande maioria **dá aula por**

obrigação. O cara não quer dar aula, só que ele é forçado a dar aula. Ficam aquelas aulas mal dadas, assuntos mal trabalhados. É outro perfil. Eles são pesquisadores. Não tem habilidade, não tem vontade de dar aula. Tem alguns professores que são mais interessantes: eles até querem, trabalham a aula, todo o material que ele planejou, mas na hora de executar, eles não têm o treinamento para isso (...) uns quatro que são excelentes, mas o resto está entre o ruim e o sofrível para dar aula. Pega o livro e dá o que está no livro. Muitos professores fazem assim. Pensei que na USP seria diferente, que o pessoal ia me trazer o que não estava no livro. Uma vez o professor começou falar 'nossa, ele vai falar coisa diferente'. Ele parou, mudou de assunto. Brochada." (Eduardo) [risos].

A trajetória de Isabela permite fazer uma comparação entre duas unidades de ensino da USP, pois ela teve a experiência da passagem em carreiras distintas. Além de reforçar algumas das características já apontadas pelos estudantes em relação à boa estrutura física da FEA em contraste com aquela encontrada na FFLCH, apresenta um outro elemento referente ao convívio entre colegas e professores em ambos os cursos, diferenciando-os ainda mais:

"... na FFLCH, no prédio de História, muitas vezes, você não tem cadeiras para sentar. Os professores têm um limite de cinquenta alunos e a sala tem cem, cento e vinte alunos assistindo às aulas. Só que eles dizem claramente: só pode dar nota para cinquenta. E os outros setenta, vão ficar sem nota? Porque não tem professor para dar aula. Na minha época, não tinha uma sala decente para você assistir aos filmes. Era videocassete na época, não tinha retroprojetor, datashow, nada disso. A FEA tem ar-condicionado nas salas, as salas são impecáveis, cadeiras superconfortáveis, você tem datashows, DVD's, videocassetes, televisor, tem tudo o que você precisa. Vários computadores. Na História você tinha que ficar num rodízio absurdo para usar os computadores. A biblioteca da FEA é impecável, o apoio que eles te dão dentro da biblioteca eu nunca vi melhor, mesmo comparando com a PUC-SP. Eu acredito que isso seja por causa da FIA [Fundação Instituto de Administração] que deve investir alguma coisa, porque a FFLCH não tem apoio de indústrias ou de empresas privadas. Wilson: Além dessa diferença de instalações que você mencionou, outra coisa te chocou? Isabela: É muito diferente quem faz FEA e quem faz FFLCH. Na FEA noturno, **todo mundo engravatado**, todo mundo patricinha [menina de classe média alta que veste roupas de grife, dentre outros hábitos de consumo]. Até choca um pouco. O pessoal da FFLCH não: todo mundo supertranquilo, os professores superacessíveis – você perdia prova por algum motivo, conseguia agendar. Era um **outro contato**, muito agradável. Contábeis tinha uma certa distância, eu não sei também se porque em Contábeis tinha muito professor do IME – eles são matemáticos e não estão preparados *pra* dar aula, não têm certa **didática**, não tinham **tato** com os alunos, não sabiam lidar com os alunos mais novos (...) é muito chato o curso de Contabilidade. É verdade. Sem contar que as **pessoas** são muito ... eu não sei ... **limitadas**. Wilson: Em que sentido? Isabela: Se ensinam que a borracha apaga, elas só vão apagar com a borracha, não vão apoiar alguma outra coisa como suporte. Wilson: E na História? Isabela: As pessoas são mais mente aberta. **Só que são muito mente aberta**, acho que deveriam ir mais devagar. **São dois mundos distintos**." (Isabela).

Portanto, os pontos de convergência entre os alunos pesquisados estão manifestos na consideração da USP como um todo, enquanto universidade que congrega várias áreas do saber. Assim, todos a consideram como dotada de uma boa estrutura física. Para os alunos da FFLCH, ao contrário de grande parte dos alunos dos cursos de Física e Ciências Contábeis, os professores são bons didatas[7], o que "compensaria", em parte, as deficiências das instalações já apontadas.

O traço distinto da USP encontra fortes ressonâncias entre os estudantes. Manifesta-se de vários modos: a excelência dos professores; o

---

[7]   Embora Ana chame a atenção para um segmento denominado "enrrolões", mais preocupados na descrição de suas vidas pessoais – "viagens a Paris" – do que em ministrar aulas.

vestibular das universidades públicas e sua diferença perante certo tipo de faculdade particular; a apropriação do conteúdo pelos alunos diante de outros espaços de educação e, por fim, uma diferença expressa por Marcos, qual seja, uma **estrutura acadêmica** que, embora convivendo com instalações inadequadas, possibilita um **ambiente intelectual diferenciado,** estimulador da produção de conhecimento, servindo como diferencial competitivo e mola propulsora para projeção da USP no cenário de qualidade do ensino superior. Esse caráter distinto é central, pois configura uma das vantagens para esses alunos ao sinalizar seu pertencimento a um espaço de prestígio, podendo ser um dos elementos que ainda os faz permanecer no curso; mas, por outro lado, é gerador também de constrangimentos adiante discutidos:

"... minha irmã resolveu fazer Uninove [Centro Universitário Nove de Julho] e lembro que ela falou 'Ah, prova é pela internet. Fiz a prova, passei'. **Ai credo, que horror!** Não, 'A Uninove é dez, que horror' [risos] [Trata-se de um slogan utilizado por essa universidade particular]. Nossa. Não, **Deus me livre. Pagar R$ 400,00 para fazer uma faculdade em que a prova é pela internet.**" (Lúcia).

"... a gente tem **professores ótimos**, temos uma estrutura muito boa. Faço comparações em relação ... nem as particulares, porque é muito fraco no caso da Geografia. Conversando com o pessoal da Federal do Rio de Janeiro, da Federal do Rio Grande do Sul, Santa Maria, eles não têm um terço do que a gente tem aqui (...) eles [os professores] fazem com que o aluno produza também, tenha uma produção acadêmica, isso eu acho importante dentro da Universidade de São Paulo. Coisa que não existe nas outras universidades. Recentemente o pessoal me chamou – isso de uma particular – para *tá* escrevendo um livro com eles. Professor de lá. 'Vou, beleza, ajudo vocês, a gente escreve'. Aí eu peguei os textos dele, **eram textos de decoreba, não era produção.** Você pegar uma coisa de lá e copiar aqui. Lúcia: Transcrever. Marcos: Transcrever. **Eles** não produzem, eles têm dificuldades em produzir alguma coisa, olhar o fenômeno e produzir uma reflexão em cima daquilo, coisa que **aqui** a gente consegue. As pessoas direcionam nesse sentido, isso que eu acho importante." (Marcos).

"... oh, por exemplo, vou te dar dois ou três casos aqui que se eu não tinha certeza que a USP era melhor, eles me deram certeza. Um aconteceu no ano passado com um pessoal do terceiro ano de Matemática da UNIABC [faculdade particular]. Eles estavam com dificuldades na aula de Cálculo. Chamaram minha vizinha para dar aula particular. Ela não tinha tempo e passou *pra* mim. **Meu, os caras não sabem nada, é impressionante!** Primeiro eu abria as apostilas, exercícios muito simples e mesmo assim eles não conseguiam acompanhar. **Tinham dificuldade no terceiro ano de Matemática de tirar mínimo, fazer parênteses primeiro** [trata-se de ordem de prioridade na resolução de *expressões* numéricas, tópico que se aprende por volta da quinta ou sexta série do ensino fundamental]. Agora no Educafro tem muito aluno que conseguiu bolsa via ProUni e estão fazendo cursos de Matemática numas universidades que eu acho **horrível**. Wilson: São professores que atuam com você? Eduardo: Estão atuando junto comigo e fazendo faculdade também. Mas eu olho o curso deles e fico **horrorizado**. 'Como? Vocês ... cadê tal assunto? Você nunca ouviu falar de tal coisa?' Você tem uma sequência mais ou menos lógica no primeiro ano que é limites e derivadas, porque uma matéria depende da outra. **Os caras inverte [sic]**. Eles chegam com listas 'me ajuda fazer essa lista? *Tá*, eu ajudo, **mas isso é matéria do ensino médio**. Colega meu está fazendo Prática do Ensino de Matemática, tem que dar seminário explicando matriz [assunto da área de Álgebra, visto geralmente no primeiro ano colegial]. Matriz, eu que faço Física, eu sei 'isso aqui é assim, assado. Isso serve *pra* isso, *pra* isso, *pra* isso'. Chamo uns professores que fazem Engenharia na FEI [Faculdade de Engenharia Industrial, tida como boa faculdade] 'você não usa *pra* tal coisa também? Eles: 'ah, uso'. Os caras não sabem, **estão terminando o curso e não sabem o que está acontecendo**. Por último, uma amiga minha que fez Matemática na FAI [Faculdades Associadas do Ipiranga, particular] Ela terminou toda orgulhosa, foi lá me mostrar o caderno que tinha terminado, estava no segundo ano. Aí eu abro o caderno 'você não viu tal coisa, sei lá: Serial Tripla, Gradiente, você não viu nada? Ah, *tá* bom, legal'. Vou falar o que para ela. Entendeu? ." (Eduardo).

"... não é em qualquer lugar que você encontra o Aziz Ab'Saber. Encontrava o cara no corredor! Há pouco tempo atrás você encontrava o Milton Santos, Jurandir Sanches Ross [especialista em relevo brasileiro] (...) eu tive os meus livros do fundamental com o Vicentini [trata-se de José William Vesentini, conhecido autor de livros didáticos de Geografia para os níveis fundamental e médio]. Aí você olha e o cara *tá* lá [risos na sala] (...) vou falar com o cara agora, não preciso mais dos livros (...) isso faz bem para o aluno, você se sente muito valorizado, os melhores caras da área estão aqui, então você pensa nos profissionais que têm e dificilmente vai encontrar em outro lugar. Isso me deixou feliz quando eu entrei aqui e foi melhor do que eu esperava." (Jonas).

A boa sensação de entrar na USP ou "ser aluno USP" é, simultaneamente, compartilhada com certo tipo de **cobrança**, causadora de certos **constrangimentos** na vida cotidiana desses estudantes. Há uma **tensão** explícita na pressão feita para que respondam à altura e mantenham os traços da condição distinta de aluno da USP, transmutada em perfeição, sem admissão de erros. Em outras palavras, além de prestígio, há também um preço a pagar pelo fato de pertencer a esse espaço exclusivo:

"... você ganha prestígio quando as pessoas sabem que você estuda aqui ... tinha até uma pasta com um adesivo da USP, mas, ao mesmo tempo, a cobrança é muito maior. Na empresa onde eu sou secretária (...) como eu faço Letras na USP, as pessoas não admitem que, por exemplo, certas palavras que eu pronuncio na fala corrente 'não, mas você faz Letras na USP, **você não pode falar assim, você tem [que] falar tudo certinho**, você não pode ter erro de português. Já é uma responsabilidade maior, **as pessoas acham que você sabe tudo**." (Ana).

"... você é cobrado por isso 'Você é da USP, estuda na USP, por que você está fazendo isso? Você não pode'." (Carlos).

Há, para alguns, a "sensação muito boa" de ter alcançado o que muitos "não conseguiram"[8] e, a um só tempo, o lamento para com o insucesso de muitos. Assim, o convívio entre o sucesso pessoal e o fracasso de outros. Ana expressa a situação de um colega já ter feito três tentativas e ainda não ter conseguido entrar no curso de Letras "... fico chateada por ele e por muitos, mas fico pensando que eu consegui com o meu esforço". Mauro retoma essa questão, marcada pelas dificuldades de acesso mesmo nos cursos menos disputados e, paralelamente, o pesar por saber que muitos não o conseguem. A parte mítica intrínseca à USP vai se esmaecendo com o passar do tempo, onde a realidade entra, cada vez mais, em cena. No entanto, há uma particularidade em relação aos demais. Trata-se de uma certa responsabilidade pública pelo fato de ser estudante da USP. Um sentido de dever para com a sociedade, uma contrapartida de tentar retribuir o saber conquistado para indivíduos que estão fora desse círculo. Mauro expressa um "espírito público" de devolução do aluno uspiano a quem lhe custeia o ensino "gratuito". Claramente, há aqui uma ligação com o fato de dar aula em um cursinho alternativo. Tudo indica que esse seria o meio utilizado para exercitar a responsabilidade por ele enfatizada:

"... nos primeiros dois, três meses eu não sabia muito bem se tinha passado na USP ainda. Sempre aquela coisa 'USP, você *tá* **fazendo USP?'** Mas, depois de algum tempo eu **caí na real** ... é uma sensação boa como o Jonas disse, mas é uma sensação também com um pouco de responsabilidade, porque isso aqui é carregado com dinheiro

---

[8]   Jonas a expressa bem "... os cunhados me dão tapinhas nas costas [risos geral] ... você se sente bem com você mesmo, se sente melhor quando passa na USP. **Parece que é um negócio inatingível, que para mim não é mais, mas para muitas das pessoas continuam sendo.**

público, uma boa fatia da educação. Também tem esse lado responsável, principalmente quem faz licenciatura e sabe como anda o ensino público. Sabe que tem uma certa responsabilidade de passar isso que aprendeu aqui lá fora, tentar pelo menos. De alguma maneira passar para o pessoal que não tem condições de entrar aqui. Porque é difícil entrar aqui, é bem difícil (...) Uma sensação muito boa que eu tenho. Por outro lado, eu fico pesaroso porque não é [sic] **todos que conseguem entrar aqui.**" (Mauro).

5.2 O Ambiente Universitário: Dificuldades e Facilidades

"... A facilidade é essa: você ter as coisas perto. Por outro lado, nem tudo que está perto está a seu alcance." (Adauto – Letras).

"... Não sabia que o esquema era assim, que não eram turmas fixas. Cada vez que entrasse na sala eu ia ver milhões de caras diferentes (...) não sabia exatamente o que tinha que fazer, simplesmente lia. Não grifava, não fichava, não fazia nada o que tinha que fazer." (Carolina – História).

"... O professor pressupõe que você leia tudo o que ele pede, mas você não pode ler sempre porque trabalha, por exemplo." (Gilberto – Letras).

Boyer, Coridian e Erlich (2001) apontam diversas mudanças na vida estudantil a partir do momento de entrada no ambiente universitário, independentemente da camada social a qual o indivíduo pertence. Primeiramente, há a confrontação com um novo local de estudos, um espaço até então desconhecido. Para alguns, oriundos do subúrbio francês, um novo espaço urbano marcado por longos trajetos cotidianos até a chegada à universidade. Esse novo espaço escolar, por sua vez, enseja uma desagregação das redes relacionais até então existentes, onde os contatos com amigos e conhecidos antes regulares passam agora a ser efêmeros. As relações tornam-se mais frágeis. Além disso, duas características centrais e interligadas passam a fazer parte do universo dos alunos. Elas são de suma importância na compreensão das trajetórias dos estudantes que pesquisei, pois apontam para os obstáculos e entraves bem como o modo de lidar com os mesmos: há, agora, uma confrontação com *novos métodos de ensino e situações pedagógicas inéditas*. Em decorrência, exige-se agora uma nova postura do estudante, sublinhada em um *trabalho mais independente*, onde ele passa a ser o condutor, por excelência, de sua vida estudantil (Cf. Ibidem, p. 98-99).

Como os estudantes pesquisados lidam com esse quadro de rupturas? Mais precisamente, quais as mudanças operadas em suas vidas a partir do instante em que, efetivamente, passam a vivenciar os sabores e dissabores de ser um aluno da USP?

Para responder a contento tais questionamentos faz-se necessário percorrer as facilidades de que dispõem e as dificuldades enfrentadas em seu cotidiano. Conjugado a isso, o modo peculiar que os mesmos encontram para tentar superar ou, ao menos, conviver com certos entraves ligados às suas condições de vida.

Em termos explicativos, faço aqui uma distinção entre as **dificuldades materiais** que contemplam dimensões como distância do campus da USP, dinheiro para alimentação, xerox e aquisição de livros, uso de computador e necessidade de trabalhar para diferenciar das **dificuldades simbólicas ou culturais**, mais sutis e difíceis de ser apreendidas, pois ligadas à socialização no ambiente familiar e na trajetória peculiar do indivíduo. Cabe enfatizar, essa distinção é para efeito analítico, pois, na realidade, há combinações complexas entre as mesmas.

A maioria dos estudantes[9] reside em **bairros distantes** do campus da USP, situado na zona oeste paulistana. Alguns deles moram em

---

[9]   Para uma apreciação mais detalhada dos bairros ver a Ficha dos Informantes anexa.

outros municípios da Grande São Paulo, casos de Antônio, Carlos e Eduardo ou em bairros limítrofes com a capital – Mauro. A rigor, apenas Rose, Jonas[10], Otávio, Robson e Isabela moram em locais relativamente próximos. Gilberto veio do interior e conseguiu vaga no CRUSP, Marcos morava em Franco da Rocha e também conseguiu vaga no conjunto residencial dos alunos. Clara e Lúcia são casos singulares[11]: a distância as forçou a alugar moradias no bairro do Butantã para que conseguissem continuar estudando.

Se aparentemente esse dado pode passar desapercebido, na realidade, constitui um dos aspectos relevantes para marcar a condição social desses estudantes conforme apontam algumas pesquisas já desenvolvidas. Assim, Bourdieu (1988, p. 120-121) registra a importância da distância geográfica como elemento central que, em associação com os tipos e volumes de capitais acumulados pelos indivíduos, permite-nos captar diferenças entre os segmentos sociais[12]:

> ... para melhor explicar as diferenças de estilo de vida entre as distintas frações – e, particularmente, em matéria de cultura – haveria que ter em conta a *distribuição em um espaço geográfico socialmente hierarquizado*. Com efeito, as probabilidades que um *grupo* pode ter de se apropriar de uma classe qualquer de bens singulares (...) dependem, de uma parte, de suas capacidades de apropriação específica, definidas pelo capital econômico, cultural e social (...) e, de outra parte, da relação entre sua distribuição no espaço geográfico e a distribuição dos bens singulares nesse espaço – relação que pode ser medida em distâncias médias aos bens ou a equipamentos, ou em tempos de deslocamento. Dito de outra maneira, a distância social real de um grupo dos bens deve integrar a distância geográfica, que

---

[10] Mora no município de Itapecerica da Serra, com acesso fácil ao campus uspiano.
[11] Ambas possuem famílias na zona leste, ou seja, no extremo oposto da cidade.
[12] A distância do campus e sua relação com a fruição da USP será objeto de discussão mais atenta no próximo capítulo, onde discutirei a diferenciação dos alunos que moram na USP em comparação com outros pesquisados.

por sua vez depende da distribuição do grupo no espaço." [grifo no original].

Ainda que estivesse centrado na análise das distâncias culturais entre indivíduos que moram nas cidades pequenas – agricultores – em relação à Paris ou outras cidades médias francesas, procurando ressaltar diferenças de linguagem marcadas pela pronúncia ou sotaque de acordo com o espaço geográfico de origem, sua descoberta permanece válida. Em terras brasileiras, Dauster (2003, p. 7) pôde também constatar a "realidade geográfica e social diferente" de alunos dos "setores populares", originários de bairros afastados da zona sul – ponto privilegiado na geografia carioca – como aqueles da Baixada Fluminense, zona oeste da cidade e da Rocinha. Embora a cidade de São Paulo tenha outra realidade espacial, o essencial permanece o mesmo, qual seja, as dificuldades de deslocamento dos estudantes para ir à universidade.

> "... pensei que era mais fácil chegar até aqui. A ideia que eu tinha era que a Universidade de São Paulo era uma porta aberta de caminho fácil (...) a hora que entrei aqui, percebi a dificuldade que é de chegar." (Antônio).

> "... Wilson: Quando você chega em casa? Carolina: Quando eu chego em casa eu estou acabada. Saio daqui 23 horas, por enquanto eu estou chegando 24 horas e 24h30. Wilson: Não é perigoso? Carolina: É, o que posso fazer. Wilson: Como é na volta para sua casa? Carolina: Ah, eu pego o primeiro que passar. **Não posso me dar o luxo de ficar esperando determinado ônibus. Eu vou pegar três mesmo.**" (Carolina).

> "... Wilson: Como você faz para chegar na USP? Eduardo: Ônibus. Quando eu estou em Diadema, pego a viação Urubupungá [ônibus intermunicipal que passa pelo campus]. Vou dar um exemplo clássico para você: eu tinha uma prova 21h20 numa quarta-feira. Saí de casa às 17 horas, chego lá 19 horas – tenho duas horas *pra* dar aquela

estudada, aquele gás de última hora. Cheguei lá 21h10, quatro horas de Diadema a São Paulo. Por quê? Trânsito." (Eduardo).

"... a dificuldade que eu tenho para ir para casa daqui é muito grande. É contramão praticamente por ser muito longe. Tenho dificuldade muito grande com horário, é muito difícil voltar para casa, principalmente porque à noite, na USP, os ônibus são terríveis"." (Mauro).

Não é somente a distância em relação ao local de moradia. Há dificuldades enfrentadas em relação aos **meios de transporte** que levam até o campus, além dos ônibus circulares internos[13]. Uma discussão sobre a logística de transporte foi feita entre alguns dos pesquisados, apontando entraves ainda existentes[14].

"... Otávio: Metrô, que tem, chama Cidade Universitária. Alguém já tentou ... você *tá* pertinho da USP, tem que voltar do outro lado do rio para depois atravessar a ponte de novo. É um absurdo! [refere-se à ponte sobre a Marginal Pinheiros onde está localizada a estação de trem e existe uma entrada para o campus uspiano]. Marcos: É um absurdo. **Tem que ter via direta.** Você não tem um ônibus que vai para o Largo da Lapa, que é aqui do lado, não tem um ônibus que vai para o Campo Limpo, não tem ônibus que passe na Raposo Tavares. Então, é uma negociação da universidade com a Secretaria de Transportes. Lúcia: Isso é verdade, eu morei lá. Otávio: Eu acho que o metrô que está construindo agora poderia ser aqui dentro [refere-se à futura Estação Butantã, que **não prevê a entrada no campus da USP**]. Daria para negociar, obter verba. Marcos: No caso do pessoal do ABC leva duas horas *pra* chegar. Se eu fosse vim [sic] da casa dos meus pais, não faço menos de duas horas. Antônio:

---

13   Antônio não se conforma "... circular é um grande problema. Tem ônibus novos, conservados, mas não é prático (...) você fica vinte minutos, outro dia você fica dois minutos, outro dia fica quase quarenta minutos".

14   Carolina expressa indignação "... é longe demais. Parece que é de propósito. É de propósito: esse campus afastado, as unidades dentro do campus todas afastadas. Com exceção aqui da FFLCH, que é o bolinho, tudo é muito afastado. Você não tem contato com as outras unidades".

Tem três tipos de transporte. Parece que eles fazem uma matemática perfeita. Todos eles, você chega assim com uma diferença atômica ali, quatro minutos. Barra Funda aqui do lado, o ônibus vai pela Lapa primeiro. Marcos: Se tivesse ônibus que deixasse o pessoal na Lapa, nossa! Daqui na Lapa é o quê? Não dá meia hora. *Pra* Barra Funda o ônibus dá uma volta 'do caramba'".

A distância provocou impactos profundos em certas trajetórias: Lúcia e Clara mudaram das casas dos pais e **alugaram** moradia próxima à USP e Marcos obteve a vaga na moradia estudantil. Tiveram que mudar, sob pena de terem que desistir do curso[15]. Aqueles que moram longe reclamam do tempo gasto diariamente. Além da mudança do local de moradia, há aqueles que reduzem o número de disciplinas a serem cursadas.

"... Marcos: Pensei uma vez [em desistir do curso] principalmente pela dificuldade *pra* chegar até aqui. Acesso principalmente. Como morava em Franco da Rocha [município da Grande São Paulo], levantava às 4 horas da manhã, entrava às 6h30, trabalhava até às 14h30, enrolava um pouco por aqui, assistia à aula até às 19h30, saía às 23 horas, chegava em casa à 1 hora da manhã, 1h30, para levantar às 4 horas de novo. Lúcia: **É, é fogo, isso é fogo.** Marcos: Então, às vezes tinha hora que eu parava e pensava 'será que *tá* valendo a pena?'. Lúcia: Quando eu comecei a ficar **angustiada**, eu mudei. Eu morava lá, chegava 1 hora da manhã também. Wilson: Morava onde? Lúcia: Morava na Vila Maria. Chegava 1h30 em casa, aí mudei para cá, na Corifeu [avenida próxima ao campus da USP]. Antônio: **Continuo resistindo** [risos gerais na sala], a minha mente

---

[15] Cumpre ressaltar que na fase de campo quando contatava as pessoas selecionadas na amostra para participarem dos grupos focais, algumas tinham abandonado o curso devido à grande distância da USP, não lhes permitindo conciliar trabalho, estudo e moradia. Dos entrevistados, além de Marcos e Lúcia, também Eduardo esboçou o pensamento de desistir do curso devido à longa distância "... Wilson: Já passou pela cabeça desistir do curso? Eduardo: Já. Wilson: Quando e por quê? Eduardo: Algumas vezes por ano isso acontece. O porquê é longe, é cansativo, perco muito tempo vindo para cá".

é: quatro matérias por semestre. Não dá para fazer cinco porque **não dá para vir todos os dias aqui.**"

Há um tipo de dificuldade de caráter material que está ligada diretamente à **condição financeira desfavorável** desse grupo de estudantes. Ela vem expressa na importância dos gastos com a aquisição de livros, xerox e alimentação, bem como o uso do computador. Não é por outro motivo que muitos deles julgam como **facilidades**[16] ou **vantagens** de estudar na USP justamente o fato de poder contar com "auxílios" existentes: seja de uma biblioteca com ampla diversidade de títulos, ainda que com insuficiência de exemplares, o restaurante universitário, vulgo "Bandejão", a possibilidade de tirar xerox[17], evitando assim custos com material didático e, por fim, embora também com muitas queixas, o uso da Sala Pró-Aluno, onde ficam disponíveis computadores para uso dos graduandos. As evidências aparecem com a utilização de vários artifícios para **"driblar"** os limites dados pelas condições socioeconômicas ou pelas dificuldades inerentes às estruturas dos cursos que frequentam. É preciso criar um **"manual de sobrevivência"**[18] a ser utilizado pelo aluno de baixa renda na USP. Um manual que possui vários procedimentos, dentre os quais vale tirar xerox fora da universidade para conseguir um preço mais acessível – caso do Gilberto – ou mesmo no trabalho como diz Clara "... chefe virou as costas, você tira cópia":

---

[16] Registra-se que o **fácil acesso aos professores** para dirimir dúvidas ou receber orientações configura-se como outra facilidade. Além disso, Otávio expressa que a grande facilidade que encontra é dispor, no seu curso, de um ambiente virtual para comunicação com professores e reunião com colegas para fazer trabalhos escolares "... no último ano se intensificou bastante a utilização da internet, a gente tem acesso muito fácil via internet com o professor (...) ninguém se reúne para fazer trabalho, a gente faz trabalho em grupo pela internet".

[17] "... a xerox quebra o maior galho" (Marcos – Geografia).

[18] "... você acaba criando ... sei lá, *né* ... você tem um manualzinho de sobrevivência do aluno sem dinheiro, entendeu? (Clara).

"... não estava habituada a ter que chegar aqui, correr para a biblioteca e **disputar um livro a tapa**. Você não tem material suficiente *pra* atender todo mundo. Então, tinha que chegar, pular na biblioteca e ficar lá até a hora da aula, aproveitar o máximo de tempo possível, *pra* fazer a leitura que você tem que fazer ou, senão, você vai lá e **gasta grana** na xerox." (Carolina).

"... dificilmente você precisa sair da biblioteca *pra* recorrer a uma outra biblioteca ou outro local (...) chega na biblioteca, de repente está precisando de um mesmo livro que mais de cinquenta pessoas, então tem que fazer reserva para daqui a quinze dias, vinte dias, quando aquela matéria já foi explicada há muito tempo." (Adauto).

"... nunca têm os livros para todo mundo na biblioteca, então, às vezes, você não tem dinheiro e tem que se virar para tirar xerox." (Clara).

"... deve ter uns trinta computadores *pra* oitocentas pessoas. Tenho amigos que entraram comigo em 2003 e nunca usaram a Pró-Aluno porque não dá tempo ou porque não conseguiram pegar senha." (Gilberto, grifo meu).

"... não tinha computador e não tenho até hoje. Bandejão é uma facilidade imensa porque na FATEC eu sempre fui o mais pobre, *né*? ... então, facilita." (Mauro).

Outra dificuldade material de fundo, substantiva, encontra-se quando relacionamos o **nível de exigência da USP** com o tempo exíguo para consecução das tarefas devido à **necessidade de trabalhar**[19], a qual perpassa a vida de todos os pesquisados. Cumpre verificar os desdobramentos de acordo com os cursos que fazem e de que modo enfrentam esses obstáculos. Nas carreiras ligadas às ciências humanas e humanidades – História, Geografia e Letras – a quantidade e nível

---

[19]   Essa necessidade de trabalhar que ocasiona pouco tempo disponível rebate fortemente na fruição da universidade. Essa questão será retomada e aprofundada na distinção entre "elite" e trabalhador, desenvolvida no capítulo VI, item 6.1.

dos textos a serem lidos e analisados aparecem como exigência maior. Ciências Contábeis são os trabalhos e listas de exercício. Por fim, na situação do curso de Física, aparecem os relatórios das experiências realizadas, trabalhos e listas de exercícios. Além disso, há uma peculiaridade do curso de Geografia: o trabalho de campo presente nas atividades de certas disciplinas exige viagens constantes, às vezes até mesmo para outros Estados brasileiros, conforme expressou Marcos, o que acaba gerando problemas no seu emprego "... além da leitura, a gente viaja muito. Trabalho de campo, então é complicado operacionalizar tudo isso, tanto que a gente passa uma semana fora. Tem uns campos longos, assim para o Nordeste, para o Sul. Esse ano eu vou ficar dez, quase quinze dias fora no fim do ano e isso consome tempo. Como eu trabalho, discussão no trabalho":

"... dificuldades de tempo. Eu não tenho tempo para ler, pesquisar, para vir aqui e ficar na biblioteca. Não tenho aquele tempo necessário realmente (...) todos os professores dão trabalho e todos para entregarem na mesma data e a gente trabalha e não tem como fazer, **mas tem que fazer**. Várias listas de exercícios e alguns outros exigem que você leia o capítulo antes de vir para a aula. É meio complicado." (Carlos).

"... a dificuldade básica de todo mundo que trabalha durante o dia e faz Humanas [é] que tem que ler muito, muito, muito. Semestre passado eu tive [sic] um curso de literatura. O professor deu dez livros para ler em um semestre, uma única disciplina. Então é uma dificuldade muito grande conciliar trabalho e esse curso. Como a maioria faz dupla habilitação, você tem que **se virar** mesmo para conseguir dar conta." (Rose).

"... o meu maior problema para conseguir fazer o meu curso é porque eu trabalho. É um curso que exige muita leitura. Ninguém está preocupado se você vai ter tempo para ler ou não (...) a minha maior dificuldade é não conseguir dar conta das exigências, de conseguir ler tudo, por causa do trabalho." (Clara).

"... a dificuldade mesmo aqui é o tempo. Tempo principalmente para quem trabalha, entendeu? Lúcia: É. Marcos: Eu trabalho doze horas por dia. Otávio: De sábado? Marcos: Um dia sim, outro dia não. Ele [Antônio] via a dificuldade que eu tinha aqui [risos] para marcar horário, então ... *pra* você dar conta da **carga** de leitura é muito grande." (Marcos).

"... eu não tenho vida social – sábados e domingos é só para estudar, fazer trabalhos, essa coisa toda, *né* (...) eu **fico frustrada de não poder ler tantos livros**. As pessoas falam 'Ah, você já leu tal livro? Não. Eu queria ler muito mais – a bibliografia indicada e tudo – só que eu **não tenho tempo** nem de ler a básica, o que dirá a indicada." (Ana).

"... a dificuldade é o tempo. Muita coisa para ler, muita coisa para fazer. Se você fosse mesmo empenhar, você não consegue. Tem que trancar umas quatro matérias *pra* você conseguir realmente se empenhar com tudo." (Lúcia).

"... a maior dificuldade que eu tenho é a falta de tempo. O Instituto de Física exige muito relatório, muita lista de exercício. Se você não faz as listas de exercício, não consegue fazer as provas. Os professores do noturno – a grande maioria – têm a consciência do seguinte: que o aluno do noturno não tem tempo para fazer trabalho, então eles procuram dar menos trabalhos, mas cobram nas provas. Então, de qualquer forma você tem que gastar um tempo considerável para fazer as listas de exercícios. O laboratório não tem jeito, você tem que fazer relatório com todos os quesitos – introdução, conclusão, tudo." (Mauro).

Todo o tempo é precioso, disputado, gerando descontentamento e irritação até mesmo com fatos aparentemente menores. Exemplo encontra-se na mudança da biblioteca dos cursos de História e Geografia, a qual passou a integrar a Biblioteca Central da Faculdade de Filosofia, Letras e Ciências Humanas, levando à *perda* de um tempo importante para Clara "... lá na História a gente tinha uma biblioteca do nosso lado e agora está aqui [próximo ao prédio da Letras e da Filosofia e Ciências Sociais]. Os quinze minutos que eu chegava antes, que podia ir lá na biblioteca – e quinze minutos dá para ler um pouquinho pelo menos – agora é o tempo que eu gasto só para chegar, então não dá mais". Ou no caso de Mário que apresenta de modo marcante uma **relação tensa com o tempo** devido à obrigatoriedade do trabalho diário "... **deu a hora** eu já quero ir embora, **quero chegar cedo**, quero dormir porque amanhã tenho que acordar cedo, **tenho que trabalhar,** *né?*, acordar cedo (...) **não posso perder tempo, chegar rápido em casa, ver se dá para ler alguma coisa,** *né?*".

Como eles lidam com essa ausência de tempo? O que eles mobilizam para levar, ao menos, o curso adiante, embora às vezes com frustrações e desejos não contemplados?

O esforço descomunal como ferramenta que ajuda a entender o acesso, também permite iluminar a vivência desses estudantes. Um esforço que se reveste de sacrifícios de naturezas diversas englobando vários planos da vida, sobretudo os afetivos e sociais. "Cria-se"[20] algum tempo em horários destinados a outras rotinas diárias – hora do almoço, período após o expediente, dentre outros. Não é por outro motivo que em muitas das falas aparecem termos ligados diretamente à ideia de esforço, sobressaindo o uso da palavra *carga* – de "leitura", "teórica", "de trabalho". A consequência mais imediata da relação estabelecida entre atividades e ausência de tempo disponível é o desenvolvimento de uma nova postura diante das tarefas universitárias. É exigido desses estudantes um novo, diferente grau de organização para que os mesmos consigam executar os deveres solicitados. Como efeito maior, a *administração do pouco tempo útil* que lhes sobra configura-se como elemento crucial, sob pena de serem "engolidos/as" pelo volume de

---

[20]   Termo meu.

trabalho. Inextricavelmente ligado a essa nova forma de saber lidar com o tempo escasso, temos o *trabalho autônomo* antes mencionado, ou seja, é preciso saber **"se virar"** de algum modo. Lúcia e Clara utilizam o artifício de diminuir a quantidade de disciplinas, porém, em contrapartida, com o ônus de ter que alongar a duração de seus cursos. Mário recorre às anotações de colegas.

"... você tem que arrumar algum tempo – na hora do almoço, da meia-noite às seis horas ... não sei, mas eles exigem isso. Tem que dividir o seu tempo de maneira muito ... você fala 'esse tempo vou usar para estudar, esse tempo para a família, esse para o serviço'. Você não tem muita margem (...) eu falo que **vivo numa corda bamba com o tempo**. Se eu deixar alguma coisa para trás, de alguma matéria, vai embolar lá na frente. Não tem jeito, tenho que ficar todo final de semana pegando um pouco." (Mauro).

"... chega no final do semestre a gente consegue fazer, mas é muita coisa, falta tempo porque você tem que ler no ônibus, na hora do almoço, antes de dormir, no banheiro [risos gerais], **tem que fazer o tempo aparecer.**" (Lúcia).

"... você pega seu sábado, seu domingo, passa fazendo trabalho. Então, você passa a semana inteira estudando. Não tem tempo para descansar." (Carlos).

"... eu trabalho meio período, mas, mesmo assim, quando vou ler fico cansado. Trabalho seis horas olhando para a tela do computador. Chega em casa e vou ler começa a dar aquele sono, **bate aquela pressão**. Nossa!, *cê* não consegue (...) aí pega uma anotação de um amigo ali, outra de outro e vai indo." (Mário).

"... eu *tô* fazendo três matérias por semestre para ter dois dias da semana para mim [sic] dedicar às leituras." (Clara).

"... é complicado, isso consome não só o nosso dia de semana como nosso final de semana também (...) você vai ter que dedicar um tempo a isso, vai ter que perder a balada com os amigos no sábado [risos na sala] para *tá* estudando. Hoje mesmo eu vou perder a baladinha com meus amigos, tenho que fazer um trabalho. Assim você vai levando a vida." (Otávio).

As dificuldades simbólicas lidam diretamente com a inserção acadêmica em termos de novas tarefas a serem feitas: seminários, trabalhos científicos, leitura de textos acadêmicos e textos em línguas estrangeiras, além de contato com teorias. Conforme delineada acima, a entrada no ambiente universitário é marcada por uma ruptura em relação aos graus anteriores de escolaridade: na universidade, o aluno torna-se o principal ator de sua vida escolar. Quando relacionamos esse fato com a cobrança de estar em uma universidade "diferenciada", na qual o nível de exigência é redobrado, há uma série de implicações na vida dos estudantes, os quais respondem diversamente às mudanças. Ou seja, se todos "se viram" para conseguir efetuar as tarefas solicitadas, há *vivências diferentes:* os que defendem a existência de auxílios na grade curricular[21], outros que concordam com o ritmo imposto, porém, entendem que se deve buscar um "meio termo", pois nem todos estão suficientemente preparados para suportar as exigências solicitadas e, por fim, aqueles que destacam esse trabalho independente exigido do aluno como *diferencial* da USP perante outras instituições, "forçando" o aluno a buscar maior conhecimento e, desse modo, possibilitando a ele um desenvolvimento intelectual:

> "... no caso de Letras, o pessoal acha que a gente aprende gramática, essas coisas. Não, pressupõe que você domine toda a gramática, porque ninguém tem tempo para ficar falando 'Ah, porque é assim, assado' (...) eles exigem mais para você ir atrás, **por sua própria conta**, para depois, aqui na faculdade, eles darem um conhecimento a mais." (Ana).

---

[21]   As posições sobre possíveis cursos de auxílio na grade curricular estão desenvolvidas no capítulo VI, item 6. 2.

"... eu não posso sair uma historiadora daqui sem dominar o francês, sem saber espanhol. Eu *tô* aqui para sair uma historiadora mais completa que eu conseguir (...) não posso falar que meu curso tem problema porque meu professor me pede um livro em alemão, porque quer que eu leia um livro por aula (...) **apesar de não ter tempo, tenho obrigação de ler em francês. Eu tenho obrigação.**" (Clara).

"... ela quer manter um nível de ensino, quer manter o nome dela (...) os alunos que estudam na USP têm que ter aquele **pré-conhecimento**, por isso ela exige. Por isso o vestibular é tão difícil, a ideia é essa, você tem que *tá* sabendo, já teria que ter conhecido isso. Eu não tive dificuldades, mas teve colegas meus que ficaram detidos em diversas matérias porque não tinham conhecimento que era necessário." (Carlos).

"... num certo ponto é positivo essa exigência que faz a gente até **correr mais atrás** da disciplina. Essa matéria que o professor simplesmente admitiu que [a gente] sabia, tive que passar finais de semana prolongados estudando (...) por um lado é positivo, mas **não são todas as pessoas que aguentam** esse processo. Às vezes, é exagero." (Mauro).

"... quando eu estava na Fundação [Santo André – faculdade] era uma coisa engraçada. Eu ia bem nas matérias, achava que sabia tudo. Só que na Fundação os caras te levavam pela mão. Chega aqui, os caras falam logo que **você tem que se virar. Quando você aprende a se virar, você acaba aprendendo mais,** tendo uma ideia do que não sabe (...) Wilson: Explora mais *pra* mim esse "levar com a mão" que você falou que difere da USP, o que é isso? Eduardo: Na Fundação, por exemplo, professor de Matemática parecia uma tia de quarta, oitava série 'não gente, faz assim'. Só falta pegar na mão. Tudo bem, é um pouco de exagero, mas dá um apoio até excessivo. Chamava os alunos pelo nome, dava uns exemplozinhos, tudo bonitinho, tal. **Na USP é diferente: é isso aí.** *Pá, cabou,* **não sei o quê. Dez livros na bibliografia.**" (Eduardo).

Na pesquisa, procurou-se relacionar o nível de exigência dos cursos e os entraves simbólicos/formativos que interfeririam em uma adequada apropriação dos conteúdos vistos na universidade. Esses entraves, em interação, podem ser desdobrados em possíveis **lacunas nas matérias básicas** para acompanhamento do curso, seja no que denomino **leitura conceitual**[22], a qual compreende o contato com textos acadêmicos/técnicos com as variações inerentes aos cursos, seja a **leitura em línguas estrangeiras, sobretudo inglesa e francesa**, recurso importante no meio acadêmico no qual estão inseridos. Cabe verificar a conformação desses elementos nas trajetórias estudadas. Tais dificuldades em lidar com os saberes universitários aproximam-se do que Bourdieu e Passeron (1964) denominaram uma falta de "conivência cultural" entre o meio de origem dos estudantes desfavorecidos e o ambiente universitário.

As novas tarefas a que estão submetidos podem ser verificadas na realização de seminários para os alunos das Ciências Humanas – casos de Mário e Carolina – e na elaboração de relatórios no curso de Física, situação de Eduardo. Além disso, conforme já encontrado também em Zago (2005, p. 9), o sucesso obtido nos níveis anteriores não constituiu uma garantia de desempenho tranquilo na universidade. Assim, é na USP que Carlos vai saber o que é "matemática de verdade" e Eduardo "... achava que estava tendo aula de Física e quando eu cheguei aqui, caramba, não sei nada".

> "... quando você entra, nossa, você sente dificuldade em tudo. *Pra* ler um texto, fazer um trabalho. Você não sabe como faz um trabalho, qual a estrutura de um trabalho – introdução, conclusão. Primeiro seminário 'meu Deus, você fica com medo, *cê* fala '*puta* meu, só vou tomar pau aqui'." (Mário).

---

[22] Questões teórico-metodológicas, premissas do autor, ideias centrais de um texto, teorias divergentes, dentre outros pontos correlatos.

"... não sabia exatamente como é que era apresentar um seminário. Que eu me lembre, nunca tinha apresentado um seminário antes ." (Carolina).

"... quem pedia trabalhos no ensino médio era o pessoal de Humanas. Uma conclusão de Humanas é muito diferente de uma conclusão de Exatas. Então é um sufoco. A gente chegava: me mostra um relatório de um cara que tirou dez que eu quero saber como o cara fez, porque ninguém conseguia tirar, estava sempre errado." (Eduardo).

O aprendizado é doloroso, feito na própria universidade, à custa de estratégias de aproximação com colegas como faz Mário "... você vai levando, vai aprendendo, vai dando um jeitinho de se adaptar, melhorar um trabalho (...) estou sempre mantendo o mesmo pessoal, porque a gente se tornou amigo (...) um ajudar o outro, fazer trabalho junto"; "na porrada", no dizer de Eduardo, ou mantendo contato com pessoas que já dispõem de conhecimento sobre os meandros conforme a situação de Carolina "... dei muita sorte que eu conheci uma menina que já tinha feito Letras aqui e *tava* fazendo História (...) ela me deu toques em termos de discussão, como fazer, separar, montar um esquema, tudo, eu não sabia nada. Eu e metade da sala".

Oriundos que são de uma escola que enfrenta, contemporaneamente, uma série de problemas para levar a contento uma sólida escolarização, é preciso entender os entraves que permeiam a vida dos alunos a partir da *transição do ensino médio até a chegada em uma universidade com o perfil da USP*. Nesse bojo, os termos utilizados nas falas confluem para uma mesma direção, qual seja, a **formação precária** obtida no trajeto escolar em assuntos considerados centrais para um bom desenvolvimento do curso universitário:

"... Marcos: O problema, às vezes, é que você tem dificuldades para acompanhar algumas matérias mais técnicas na Geografia. Wilson:

Destrincha mais esses problemas para mim. Marcos: São **cálculos.**
Nós temos algumas dificuldades com cálculos, com **relações quími-**
cas. Existe uma deficiência porque o ensino médio é muito deficiente. Eu entrei aqui com essa deficiência e eu passei no vestibular da
Fuvest, vestibular normal que nem todo mundo (...) Sensoriamento
Remoto, a professora fala que não vai levar a gente *pro* computador
porque tem aluno que não sabe mexer no computador (...) a gente
pega as imagens, dados do GPS [Global Position System, sistema
baseado em dados enviados via satélite, de largo uso na cartografia mais avançada], vamos jogar no programa de computador para
elaborar um gráfico, uma foto digitalizada. Como é que a gente vai
pegar esses dados se a professora fala que não vai levar a gente por
computador porque o aluno **não conhece o Windows,** *né?.*" [siste-
ma operacional, programa de computador que gerencia as informa-
ções] (Marcos).

"... eu tive muitas vezes que pegar aquele livro do ensino médio, estudar novamente para entender alguma proposta, alguns exercícios
de cartografia, daquilo que, aparentemente, é básico no curso. Tive
que voltar e analisar, porque eu não estava acompanhando, faltava,
então, um pouco de **base.**" (Antônio).

"... no caso de História, alguns professores exigem determinado **pré-**
conhecimento. Numa citação, um aluno fez um comentário e a
professora repreendeu. O aluno retrucou falando que não sabia que
grego era pré-requisito para fazer História. Isso acontece em alguns
casos. Tudo bem que a gente tem que estudar bastante além das
aulas, fora da sala de aula, mas o problema que o aluno que entra do
colégio (...) eu acredito que ele não tenha a noção exata do que seja
uma faculdade, não tem maturidade para entender, interpretar determinadas coisas, principalmente em cursos da FFLCH e cursos de
Humanas, porque você mexe com questões que depende muito de
uma leitura, de uma **bagagem** que, normalmente, o brasileiro não
tem, infelizmente (...) eu percebi muito nos colegas, porque eu já
era mais velha, já tinha lido um pouco mais. Percebia que as pessoas
por serem um pouco mais novas tinham bastantes dificuldades em

relação a isso. E alguns professores acabavam exigindo demais nesse sentido." (Isabela).

"... o professor, ele está há muito tempo estudando e ele quer que você tenha os mesmos **assuntos** que ele, as várias **leituras** que ele já teve. Tem uns professores que pensam assim, não são todos." (Jonas).

As duas outras dificuldades culturais estão intimamente ligadas com o *domínio da linguagem*, sobretudo com uma sólida formação na língua de origem[23] – português[24] –, pois é ela que fornece as condições essenciais para o aprendizado das relações existentes nos textos acadêmicos e, também, propicia um alicerce para que o aluno consiga inferir significados de termos estrangeiros. Não é por outro motivo que muitos estudiosos discutem o domínio de um capital linguístico como crucial para um bom desenvolvimento da "linguagem universitária" ou acadêmica. Embora centrado na especificidade dos estudos literários franceses, Bourdieu (1999, p. 46-56) capta esse processo que, entendo, pode ser extensivo aos pesquisados. Em outros termos, aponta para a importância da primeira socialização familiar, ou seja, na estruturação do capital cultural incorporado, a forma mais decisiva, transmitida de maneira implícita e que nos diz muito a respeito do peso das desigualdades sociais nas desigualdades escolares:

---

[23] A observação realizada no grupo focal quando cruzada com um dado emitido na entrevista permite compor um perfil mais completo do percurso escolar de Mário, marcado por dificuldades de aprendizado: um traço curioso que marcou sua participação no grupo foi a **expressão verbal**. Sua fala foi pontuada, sobretudo, por expressões que realçam a oralidade, usando parte das palavras. Além disso, verificam-se erros básicos de pronúncia e problemas de concordância verbal com o uso do plural. Na entrevista que fiz, disse-me que não chegou a terminar o primeiro colegial numa escola porque teve problemas de aprendizagem. Tanto o acesso quanto a vivência na USP estão marcados por dificuldades que, embora estejam presentes em outros pesquisados, constituem evidências que o diferenciam dos demais.

[24] Para uma discussão a respeito da importância da língua portuguesa, sobretudo no acesso à USP, mas não só, ver o estudo de Almeida (2004).

"de todos os obstáculos culturais, aqueles que se relacionam com a língua falada no meio familiar são, sem dúvida, os mais graves e insidiosos, sobretudo nos primeiros anos de escolaridade (...) mas a influência do meio linguístico de origem não cessa jamais de se exercer, de um lado porque a riqueza, a fineza e o estilo da expressão sempre serão considerados, implícita ou explicitamente, consciente ou inconscientemente, em todos os níveis do *cursus*, ainda que em graus diversos em todas as carreiras universitárias, até mesmo nas científicas. De outro lado, porque a língua não é um simples instrumento, mais ou menos eficaz, mais ou menos adequado, do pensamento, mas fornece – além de um vocabulário mais ou menos rico – uma sintaxe, isto é, um sistema de categorias mais ou menos complexas, de maneira que a aptidão para o deciframento e a manipulação de estruturas complexas, quer lógicas ou estéticas, parece função direta da complexidade da estrutura da língua inicialmente falada no meio familiar, que lega sempre uma parte de suas características à língua adquirida na escola."

"... como a linguagem é a parte mais inatingível e a mais atuante da herança cultural, porque, enquanto sintaxe, ela fornece um sistema de posturas mentais transferíveis, solidárias com valores que dominam toda a experiência, e como, por outro lado, a linguagem universitária é muito desigualmente distante da língua efetivamente falada pelas diferentes classes sociais, não se pode conceber educandos iguais em direitos e deveres frente ao uso universitário da língua, sem se condenar a creditar ao dom um grande número de desigualdades que são, antes de tudo, desigualdades sociais (...) cada um herda, de seu meio, uma certa atitude em relação às palavras e ao seu uso que o prepara mais ou menos para os jogos escolares."

O tipo de leitura requerida no espaço acadêmico pressupõe a manipulação de referenciais simbólicos que muitas vezes estão bem distantes da realidade a que estão acostumados até mesmo os estudantes brasileiros de origem mais privilegiada[25]. Na situação dos estratos socioeconômicos desfavorecidos, quando acrescidas as dificuldades de tempo e dedicação já expostas, o quadro torna-se ainda mais complexo conforme podemos depreender das falas a seguir:

> "... às vezes tem leituras tão complexas que não dá para ler no ônibus (...) você tem que parar, pensar." (Ana).

> "... para cada aula o professor pede um texto e é um texto de nível, não é qualquer texto." (Robson).

> "... não é simplesmente você dar uma olhada nos textos e tudo bem. Você tem que ler e entender para discussão na sala de aula ou, pelo menos, para acompanhar a explicação do professor." (Adauto).

> "... a leitura não é aquela que você faz corrida, são teorias e, às vezes, você tem dificuldade para entender [em] português, ainda mais [em] uma língua que você não conhece. Os valores embutidos numa palavra você desconhece." (Clara).

A leitura de textos acadêmicos em inglês e francês configura-se como um dos entraves simbólicos que perpassam a vida da maioria dos estudantes analisados. É possível, também nesse quesito, apreciar distinções que vão desde uma exigência maior da língua francesa para os estudantes de Letras para dar conta de textos que retratam o movimento literário simbolista, até o domínio do inglês para os cursos de

---

[25]   Pensando estritamente nos cursos de ciências humanas e humanidades, no Brasil, ao contrário da França, não se exige na transição do ensino médio para a universidade, exames que incidem diretamente sobre instrumentos essenciais para um acompanhamento mínimo de um curso superior. Embora fortemente centradas nas carreiras de Letras e Filosofia, refiro-me aqui às provas de "explication de texte et dissertation" ou "commentaire composé et explication de texte". Além disso, causa espanto que, em terras brasileiras, existam pouquíssimas publicações densas que possam servir ao menos como "guias" para conteúdos manipulados no âmbito universitário. Não à toa, certos ambientes formados na tradição francesa prezaram tais questões, basta ver depoimento a respeito de uma certa USP "... os professores que vieram a formar a USP ensinavam a pensar, como fazer perguntas que possibilitassem respostas objetivas e ensinavam até como escrever de modo ordenado, à moda das dissertações francesas" (Cardoso, 2004, p. 13).

Física e Ciências Contábeis, onde, a partir de determinado instante, só existem livros atualizados escritos nessa língua:

"... eu tive exatamente o mesmo problema que ele [Robson]. Tem professor que chega e fala 'tenho um livrinho que é bibliografia básica, só que tem um probleminha: é em francês'. É uma dificuldade muito grande porque nós lemos muito espanhol, dá para levar, mas francês, inglês, tenho uma dificuldade enorme." (Jonas).

"... a minha professora era bem chinfrim. Era só *good morning* e *good night* e o verbo *to be* ficou da quinta até o terceiro colegial (...) se eu soubesse [só] o inglês que eu aprendi na escola, eu estava frita, com certeza." (Ana).

"... eu não entendo nada de francês." (Robson).

"... eu só aprendi o verbo *to be*. *The book on the table*." [risos] (Mauro).

"... eu *tô* tendo uma maior dificuldade agora no terceiro ano com umas matérias que não têm em português (...) cria uma certa dificuldade também com a língua francesa, que é horrível (...) eu não conheço francês, tenho a maior dificuldade, é complicado, principalmente na FFLCH que a base é francesa, aí dificulta." (Marcos).

Como enfrentam tais obstáculos? Mobilizando o trabalho autônomo, o "correr atrás"[26] que se desdobra desde o aprendizado solitário mediante o uso do dicionário como fizeram Robson e Carlos, a busca de cursos instrumentais para tentar suprir lacunas nas situações de Clara e Antônio e a ajuda de colegas – Isabela e Carolina. Entretanto,

---

[26] Esforço como única estratégia disponível. Temos uma aproximação, guardadas as diferenças, com situação vivida por Florestan Fernandes "... mas nós encontrávamos algumas dificuldades, já que, com exceção dos alemães, os professores davam aula nas suas línguas. Tínhamos ao menos de aprender o italiano e o francês para entender o que eles diziam – não para escrever ou falar" (Fernandes, 1995, p. 4).

ajuda que rebate de forma distinta e que interfere, sem dúvida, na apropriação do conteúdo estudado, senão vejamos:

"... a gente recorria ao professor ou a alunos que tinham conhecimento. Na minha época tinha muita gente que fazia Aliança Francesa." [curso particular de francês] (Isabela – História).

"... Wilson: E como é que foi isso para você, o domínio de línguas para ler textos? Carolina: Quem falou que eu tenho? Wilson: Não tem, e como ...? Carolina: *Cê* se vira. Wilson: Como é que você se vira? Carolina: Espanhol não tem problema. Tem que tomar cuidado porque as palavras te enganam, tem que estar com um bom dicionário do lado. Wilson: Inglês, francês? Carolina: É complicado. Eu tenho que traduzir. Francês também, porque eu não domino. Eu preciso traduzir texto. **Eu preciso que traduzam o texto**. *Tô* pedindo uma amiga. Ela tem um **programa tradutor**. Ela *tá* traduzindo esses textos para mim, em **uma tradução que fica meio tosca** e eu tô me virando." (Carolina – História).

"... a gente vai levando, vai tentando entender o que está escrito e vai ... Gilberto: Ou não, *né*? Clara: Ou não ... é, ou **não lendo**."

A trajetória de Ana é singular. À semelhança da maioria, o inglês tido na escola pública foi precário. Entretanto, devido ao seu gosto por essa língua recorria a "livros à parte" enviados por uma amiga que morava na Inglaterra. Porém, essa facilidade não a exime de tecer críticas sobre a exigência dos professores quanto ao domínio de línguas para o estudante de Letras. Nesse instante, é possível fazer uma aproximação com Lúcia a respeito da mesma cobrança. Uma cobrança sempre reiterada na sala de aula e, por isso, fonte de constrangimentos para aqueles que não estão à altura para corresponder:

"... o professor *tava* dizendo 'gente, **vocês já deveriam saber francês**' e a gente assim achou um absurdo porque eles acham [que] pelo fato **da gente estar na USP**, supõe que você sabe inglês, francês, espanhol e tudo." (Ana).

"... no terceiro ano, em Literatura Portuguesa – Simbolismo – o professor só olha *pra* gente e fala 'gente, um aluno de Letras tem que no mínimo saber inglês, espanhol e francês. Ele cobra isso como uma necessidade (...) *pra* leitura, **ele fala toda aula**." (Lúcia).

Por fim, a necessidade do domínio de línguas foi ponto de discussão, no segundo grupo focal, entre dois estudantes de Letras. Após ouvir da Rose[27] que os professores evitam colocar textos no original da língua em que foram escritos, Adauto contrapõe veementemente. Para ele, não ter esse instrumental afeta, fortemente, a qualidade do curso[28]:

"... Adauto: Mas aí que *tá* o problema, acho que tem um grande problema. Eles [os professores] fazem isso, justamente, porque sabem que os alunos ... vamos supor, você pega uma sala com trinta alunos, quem ali vai saber, vai dominar *pra* ler em francês, em inglês? Rose: É, então ... Adauto: Faz isso justamente porque sabe dessas dificuldades (...) a falta de aprendizado de línguas é, sim, um grande problema, porque uma vez que você não conhece uma língua estrangeira (...) você impede o prosseguimento do curso porque o professor acaba dando ... Rose: Mas nem muito porque [você] consegue concluir o curso de Latim que é em inglês e espanhol. Quem não tem base alguma de inglês, vai terminar o curso de Latim porque o professor vai dar ... então, teoricamente, você não precisa aprender uma segunda língua. Adauto: Mas, por exemplo, em literatura ... Rose: Mas nas línguas modernas é diferente, tem o exemplo do inglês: quem vai fazer a literatura inglesa e tem que ler romance em inglês, vai ter que dominar. O francês já não faz isso, já ensina do básico, no primeiro ano, então você consegue acompanhar a língua. Depende muito da língua, é uma formação pessoal."

---

[27] "... o curso de grego pede um pouco a bibliografia do francês e de espanhol porque não existe bibliografia em português (...) mas os professores *levam xerox de traduções*. Eles falam 'oh, a bibliografia é essa, mas não esquenta não que a gente traduz para vocês' (Rose) [grifo meu].

[28] Isso aponta para a discussão que realizo sobre a fruição do curso, desenvolvida no capítulo VI.

As *relações com os colegas* de curso e as idas às festas e "baladas" que ocorrem no campus apontam para a dimensão da sociabilidade. A sociabilidade refere-se aos laços mais flexíveis das relações sociais tais como amizade, envolvimento em grupos e turmas, situações onde a fluidez prevalece e a interação entre os indivíduos constitui marca preponderante (Cf. Simmel, 1983, p. 169-70).

Porém, no ambiente universitário em análise, as evidências apontam para algumas nuances no que diz respeito à sociabilidade, sendo necessário recuperar a ideia da ruptura que a universidade produz nas vidas dos estudantes[29]. Aqui também ela interfere de modo direto, pois envolve fortes mudanças que incidem sobre os relacionamentos: em níveis anteriores as "turmas" prevaleciam, ou seja, os colegas eram, quase sempre, os mesmos até o fim do ciclo escolar. A vida universitária, nesse momento histórico no Brasil, é norteada pelo "regime de créditos" o que torna muito difícil, senão impossível, fazer um grande número de disciplinas tendo ao lado as mesmas pessoas do início do curso. Embora não possa ser tomado como eixo explicativo, o fim do regime seriado e sua substituição por créditos, interferiu na consolidação de um contato mais profundo e duradouro entre as pessoas[30]. Mesmo o curso de Letras que instituiu o ciclo básico, com um conteúdo comum no primeiro ano para todos os alunos, não conseguiu romper o caráter fragmentário, pois, a partir do segundo ano, entra em cena a figura do *ranqueamento* que afasta, ainda mais, contatos antes estabelecidos.

Portanto, é uma relação social que deve ser construída a cada circunstância – é instantânea, fugaz, transitória, onde os vínculos não se

---

[29]   Pode-se dizer uma ruptura com um mundo relativamente "familiar" ou "fraternal" que os alunos estão acostumados.

[30]   Sem dúvida o regime de créditos também propiciou flexibilidade e outras vantagens. Não cabe aqui, porém, discorrer sobre esse ponto.

fortalecem devido à entrada, sempre constante, de novos indivíduos a serem "conquistados". Portanto, esse processo pode ser denominado como uma **fragmentação das relações de contato** ou, se quiser, uma **sociabilidade fragmentada**:

> "... a gente conhece, mas não tem aquele contato do dia-a-dia (...) você começa criar grupos para estudar, fazer determinado trabalho juntos, você gosta daquele grupo e depois não vai mais cursar matéria com aquelas pessoas." (Adauto).

> "... no nosso curso de Letras entra lá quinhentas pessoas por ano e o curso muda todo dia, todo semestre. Você estuda um semestre com uma determinada turma, no semestre que vem você nunca mais vê essa turma, essas pessoas (...) eu nunca mais encontrei, realmente você perde totalmente o contato (...) é uma coisa mecânica – entra, estuda, fala oi, tchau e vai embora." (Rose).

> "... eu fiz alguns amigos no primeiro ano porque você tem contato. Vejo muito de vez em quando por aí fazendo alguma disciplina. A gente não se encontra mais. Raramente se encontra em uma mesma disciplina. Na Letras tem o ranqueamento, você escolhe uma outra habilitação para fazer e aí você se distancia mais ainda do pessoal do primeiro ano." (Gilberto).

A situação dos estudantes de Geografia[31] é peculiar, pois, devido às viagens para realização de trabalhos de campo há a possibilidade de uma proximidade e possível maior contato entre os alunos "... isso facilita muito a relação, em nossos trabalhos de campo, a gente acaba convivendo alguns dias juntos, discutindo, então acaba estreitando laços, o trabalho de campo acaba fazendo com que a gente estreite muitos os laços".

---

[31] Embora, cabe ponderar, dentre os estudantes do curso de Geografia, somente Marcos tenha ressaltado esse fato.

As vivências de Otávio e Isabela apontam para outra direção, permitindo ver as diferenças entre unidades de ensino. Para Otávio a relação com os colegas desdobra-se em duas formas tensas e interligadas: quando cursou certo período de Matemática tal contato foi tido como "desumano" e, na FEA, marcado por uma certa instrumentalidade, onde trabalhar em grandes empresas é o fator distintivo e aquilo que define com quem os laços de amizade podem ser feitos[32]. No fundo, em ambas, trata-se de uma relação baseada no **interesse**: em um caso, para a nota e o bom desenvolvimento do curso. Em outro, manter relações que possam frutificar contatos posteriores para a "empregabilidade" – a famosa rede de relacionamentos ou, para ser fiel ao uso na área do informante, *networking*.

> "... na FEA – Faculdade de Economia, Contabilidade e Administração, especificamente, uma relação de trabalho. **Você é a pessoa que é devido à empresa que trabalha.** Se não tiver trabalhando em uma das empresas lá consideradas as melhores e maiores pela revista Exame [refere-se a um ranking anual das empresas que atuam no Brasil feita pela referida revista], se trabalha numa empresa que ninguém sabe, muitas vezes não tem tantos amigos assim. Mas, se trabalha numa grande empresa, que tem nome, tradição no mercado (...) **se você trabalha numa delas** têm muitas pessoas que vêm conversar, meio que em busca de como entrar naquela empresa, qual o procedimento. Você faz amigos, mas tem muita gente lá que *tá* interessada em saber como que é para entrar na empresa que você trabalha (...) no IME – Instituto de Matemática e Estatística, o contato é totalmente desumano. A pessoa chega em você e não fala 'bom dia, boa noite, como que você está?' A pessoa chega e pergunta 'você respondeu o exercício 3?'. Acho um absurdo! Ia entrando na lanchonete, a pessoa me para para saber de exercício." (Otávio).

---

[32] "... acho que tem vários graus de amizade lá na FEA. Eu tenho amigos de verdade lá, mas não ... amigos mesmo. Eu tenho isso porque tem muita gente que conversa comigo interessado na empresa em que eu trabalho".

"... Wilson: Já na FEA você gostou da estrutura, mas não do calor humano? Isabela: Era muito diferente mesmo, foi um choque. Wilson: Como que era na História o contato com as pessoas? Isabela: Todo mundo muito carinhoso. As pessoas eram diferentes, acho porque elas se assumem, são "desencanadas", são elas mesmas. Wilson: Você se sentia mais "ambientada" na História ou na FEA? Isabela: Na História, sem dúvida, porque, aparentemente, as pessoas não estavam nem aí. Ninguém queria saber se você tinha dinheiro ou se não tinha, porque todo mundo juntava grana para fazer o trabalho. Ninguém estava nem aí se você usava alguma coisa de marca ou se ia para faculdade de carona ou de carro. Na FEA não, todo mundo **te olha torto porque você vai de tênis ou de calça rasgada.** Umas coisas muito estranhas, você fica à parte."

Outro momento privilegiado para verificar como se dão os contatos entre os estudantes são as festas ou "baladas" que, de vez em quando, ocorrem no campus e pontos de encontro como bares e lanchonetes internas ou no entorno da universidade. Há contrapontos, mas a recorrência da relação fragmentada impõe-se também nessas esferas. Adauto diz não ir às festas na USP, pois não há o surgimento ali de uma interação entre pessoas desconhecidas. Não há uma descontração que o momento pede, interferindo no momento interativo. Nesse sentido, afasta-se de Clara, que, nessas ocasiões, conhece um "monte de gente". Foi em uma dessas festas que conheceu seu namorado, estudante de Astronomia na USP. Porém, cabe ressaltar, ambos dizem acontecer um certo "estranhamento", pois colegas de curso presentes no dia-a-dia, paradoxalmente, nas situações que propiciariam proximidade ou contato mais íntimo, transformam-se em "pessoas indiferentes"[33], como se fossem desconhecidas:

---

[33] Termo meu.

"... a pessoa te reconhece de vista, só que chega **na festa o pessoal não tem aquela coisa de ir lá e conversar.** Formam bloquinhos. As pessoas se interagem, mas entre elas que se conhecem mais (...) o pessoal vai lá para se divertir, *tá* lá com uma latinha de cerveja, bebida, e discutindo filosofia." [risos] (Adauto).

"... frequento os mesmos lugares, encontro o pessoal no ônibus, a gente vai *pro* cinema ver o mesmo filme, se encontra no teatro e tal e **nem se fala.** Eu só conheço e só falo com o pessoal do primeiro ano. Metade desertou – mudou de curso, foi embora, trancou – e não conheço ninguém na História, é muito difícil lá se relacionar (...) as pessoas têm uma dificuldade enorme de se comunicar. Eu fico impressionada, às vezes vou num baile **'ele não vai falar comigo. A gente senta junto, um do lado do outro e ele não fala comigo!'** [risos de alguns]. E, às vezes, eu também não falo, é impressionante a dificuldade de comunicação." (Clara).

O fato de morar na USP e a natureza do trabalho que desenvolve, permitiram a Gilberto travar um maior contato com pessoas de cursos diferentes "... quando eu cheguei aqui, fiquei em alojamento [trata-se de moradia provisória até conseguir vaga definitiva como morador do CRUSP] fiz amizade com gente da Poli [Escola Politécnica], gente que prestou Relações Internacionais, Geografia, História, Letras. Conhecia muita gente e no meu trabalho agora, a gente dá aula para o ensino fundamental, médio e precisa de um de cada disciplina no mínimo, então eu conheço muita gente da Geografia, da Letras, da História, da Física, da Química, das principais disciplinas".

Rose, por sua vez, gosta de frequentar bares: frequenta o Rei das Batidas, famoso bar próximo à entrada principal da USP. Gosta também de ir ao bar da Física, onde diz existir um encontro entre pessoas de cursos diferentes. Ao descrever uma situação peculiar ocorrida na biblioteca do Instituto de Matemática e Estatística, suprime alguns estereótipos que existem entre os diversos cursos – sempre reiterados em reportagens na mídia. Foi importante em sua vivência, pois passou a perceber que, embora haja diferenças entre os alunos dos vários cursos, há pontos de convergência referentes à *condição de estudante:*

"... você começa a conhecer pessoas de outras áreas daqui de dentro, cada unidade também tem os seus mitos, seus conceitos, então começa a ter contato com essas pessoas (...) o pessoal fala muita bobagem, é muito legal (...) no ano passado [2004] na greve, queria vir à biblioteca porque em casa é difícil estudar – é telefone, mãe, cachorro e você não consegue ter concentração. Precisava estudar, estava fazendo um trabalho monográfico e a biblioteca da Matemática estava aberta. Pegava todos os meus livros e ia para a biblioteca da Matemática, você acaba tendo contato com as pessoas que estudam lá, então quando entra '*puta merda*, vou ter que estudar aqui, esse pessoal chato, não sei o quê'. Quando você *tá* lá no meio e consegue conhecer as pessoas, vai ver que cada pessoa tem o estilo diferente, todo mundo é igual a gente – estuda, faz as mesmas coisas." (Rose).

5.3 Desistir ou Prosseguir?

Haja vista os obstáculos que enfrentam no cotidiano, por que não abandonaram os cursos? O que os mantêm firmes na direção de completar o curso? Alguns elementos como o pensamento sobre desistência nesses anos que estão na USP e também a satisfação com a carreira que escolheram podem nos servir como indicativos para explicação.

Dos dezessete informantes, apenas dois desistiram e por razões diferentes. Robson já tinha abandonado uma vez o primeiro curso que fizera na USP, Odontologia. Essa primeira experiência enquanto universitário foi vivida em um registro dolorido, de sofrimento interior, diria até traumático, marcado pela pressão de cobranças oriundas do seio familiar e dos amigos mais próximos. A tensão entre gosto pessoal e pressões familiar e social esteve bem presente. No âmago, esse curso prestigiado[34] em uma grande universidade não lhe satisfazia plenamente, pois além de não ser aquilo que desejava fazer, exigia um nível econômico – equipamentos caros – e social – perfil dos estudantes[35] – bem diversos.

> "... fiz Odontologia durante quatro anos, mas ... por diversos problemas financeiros ... eu desisti. Depois de alguns anos, desisti do curso, estava no quarto ano. Ficou aquele **drama 'como você desiste de um curso na USP?'** Eu achava que não estava me adaptando. Curso muito caro, a maioria que estuda ali tem um nível social mais elevado (...) **eu vou terminar aquele curso**. Passei de novo, entrei e, aos trancos e barrancos, terminei. **Sou formado em Odontologia.** Depois que eu estava formado, depois de uns dois anos, estava trabalhando na Polícia. Vou fazer um curso agora **que eu queria fazer que é História**. Fiz outro vestibular e entrei em História. Wilson: Chegou a atuar na área? Robson: Eu não estou atuando na área. Wilson: Mas atuou? Robson: Não atuei. **Eu tenho muita cobrança, tem muita cobrança**."

Porém, o curso do qual gosta também não será completado, ao menos por agora. No dia 26 de maio de 2006, encontrei-o em um ônibus. Havia pedido exoneração da função que exercia, fizera concurso interno e fora promovido a um cargo mais elevado. Abandonara o curso de História.

A situação de Isabela, conforme já delineada, tem a ver com o desejo sempre interditado de fazer o curso de Medicina. Tanto o

---

[34] Odontologia é um curso que sempre manteve uma disputa média a alta pelas suas vagas. Curso tipicamente de profissão liberal, caracterizado pelo predomínio de indivíduos de "classe média".

[35] Sobre os constrangimentos que estratos sociais desfavorecidos enfrentam ou podem enfrentar a partir do convívio com estudantes mais privilegiados ver as tensões estudadas por Dauster (2003) e Barbosa (2004). Cumpre salientar que não houve menções a eventuais preconceitos sofridos pelos pesquisados, o que não quer dizer que eles não possam existir.

curso de História quanto o de Ciências Contábeis foram incursões provisórias para tentar esquecer o que sempre quis. Caminhos sem êxito, pois ainda "sonha" em ser médica "... eu me arrependo de não ter concluído nenhum curso universitário porque hoje eu sei que é uma coisa importante, sinto isso. Mas, ao mesmo tempo, sei que não conseguiria ser uma profissional medíocre porque ... não tem nada a ver com essa área, nenhuma das áreas que eu prestei. Eu vi que não tinha nada que eu conseguia mudar porque os cursos que eu queria eram sempre integrais, período integral".

A despeito das ponderações já expostas, a maioria dos informantes demonstra satisfação com o curso. Entretanto, duas das pesquisadas, ambas estudantes de Letras, estão insatisfeitas. Tanto Rose quanto Lúcia demonstraram profunda insatisfação com o curso de Letras. O motivo que as une é a *ocorrência de greves* que acabam prejudicando o andamento do curso e interferindo na qualidade. Além disso, Lúcia aponta para o aspecto do tempo já discutido, no sentido de que queria desfrutar de mais tempo para conseguir fazer o curso de modo mais satisfatório. Em outra chave articulada, o tempo também aparece na duração do curso, tida como insuficiente para a quantidade de disciplinas que são necessárias:

"... há um problema sério no curso que é o problema da qualidade do curso. A qualidade caiu muito. Do primeiro ano que eu entrei até o terceiro ano, está tendo uma queda muito forte, principalmente por causa das greves, a gente tem passado por isso. Você retoma o curso, aí o professor não quer dar aula até dois de janeiro, aluno também não quer passar o final de ano estudando. Todo mundo termina o curso da forma que bem entende (...) eu sinto muito pelo que *tá* acontecendo com a educação aqui na USP. Eu sei que a USP tem condição de dar um curso muito melhor e isso não está acontecendo." (Rose).

"... o que a gente tem aqui é muito básico. O curso mesmo em si, muito pouco tempo *pra* tudo que a gente precisa aprender. Tenho certeza que vou sair do semestre faltando um monte de coisas – que não dá tempo de ler, que não dá tempo do professor passar, sem contar as greves que são frequentes. Otávio: Esse problema eu não tenho [risos] Lúcia: A FFLCH sempre faz, sempre participa das greves (...) em relação ao principal se a gente for pensar o que é ensino, entendeu? (...) quando eu digo básico é assim no sentido de desenvolver aquilo que a gente teria que sair daqui sabendo, entendeu?" (Lúcia).

Alguns tiveram pensamentos momentâneos no sentido de abandonar o curso, logo prontamente descartados. Gilberto porque deixou a família no interior de São Paulo e passou algumas dificuldades de adaptação na capital. Antônio, mesmo com os problemas diários, busca a conclusão do curso. A imagem que usa é expressiva, ao fazer uma analogia com o casamento "... às vezes tem uns momentos que você fica irado, mas é uma coisa rápida". Carolina condensa perfeitamente a situação "... tive alguns problemas pessoais de relacionamento (...) às vezes um semestre está mais difícil que outro, aí junta tudo e você fala 'ai, que saco, vou explodir', acha que não vai dar conta. Tive uns três momentos disso. Quando acontece, desce cinco minutos em você 'deixa minha cabeça descansar um pouco. Penso: vai me adiantar alguma coisa?'. Não, tenho que retomar desse mesmo pé em que parei."

Três trajetórias vislumbram prosseguir os estudos em nível de pós-graduação: Clara, Adauto e Jonas. Não há um traço que poderia singularizá-los, podendo apenas destacar o desejo de seguir carreira acadêmica presente na vida de Adauto e Clara. Jonas coloca como opção, também, um outro curso de graduação.

Após esse trajeto, há elementos suficientes para esboçar uma resposta aos questionamentos até aqui expostos. Uma das principais categorias analíticas que venho utilizando para compreender o acesso, também ilumina a não desistência. A solução encontrada é o mesmo esforço empreendido quando da preparação para o vestibular, servindo como dupla ferramenta: tanto para suprir o tempo não disponível quanto àquilo que permite compreender o não abandono do curso, dada a situação extremamente desgastante na qual estão inseridos.

Entendo que as falas de Carlos e Ana expressam, nitidamente, essa característica que venho enfatizando. Ana utiliza uma metáfora futebolística por natureza para explicar uma força maior, presente desde a entrada e que prossegue no dia-a-dia. É a **"raça"**. No futebol, quando a técnica se esvai ou não está ao alcance, resta a *raça*, a *gana*, ou outro sinônimo bem apropriado: o sangue, "dar o sangue". Em nossa situação, as disposições ausentes ou as condições sociais que interpõem duros obstáculos aos desejos e sonhos desses estudantes. Em todos, resta a marca pura e nua do esforço descomunal como elemento que resta, única fonte de esperança para ir adiante, combustível a alimentá-los na direção de completar o curso e não "jogar a toalha", às expensas dos muitos sacrifícios:

"... é muita pressão, muita coisa. E, às vezes, dá impressão assim que eu vou enlouquecer, que não vou terminar, bombar em alguma coisa, então eu passo ali na raça mesmo. Muitas vezes passa pela cabeça desistir, mas é lógico que eu não vou desistir." (Ana).

"... Ana: Será que vai ter utilidade no futuro, tanta luta? Carlos: Realmente, tem horas que você treme, mas você tem que buscar uma força interna para continuar. Ééééé [concordância geral]. Porque é importante, você sabe que é importante. Tem hora que bate aquele desânimo 'nossa, não aguento mais, vou desistir, eu não tenho vida social' (...) mas a gente sabe que é importante continuar."

"... Wilson: O que te faz jogar isso fora e continuar? Carolina: Que não vai adiantar. Os problemas, à medida que eles vêm, tem que resolver."

capítulo VI

FRUIÇÃO

6.1 A "Elite" e o Trabalhador

"... Se é para a elite, só rico estuda." (Rose).

"... Tinha os meus planos, mas antes você tem uma responsabilidade, tem de se sustentar." (Carolina).

"... As coisas até tem aqui, mas eu não posso usar porque eu trabalho." (Clara).

O poder econômico é, em primeiro lugar, um poder de pôr a necessidade econômica à distância." (P. Bourdieu, *A distinção*).

Em seu último livro, onde aprofunda seu trabalho de pensar reflexivamente o sujeito da objetivação, o pesquisador, Pierre Bourdieu apresenta na introdução as seguintes palavras "... compreender é primeiro compreender o campo com o qual e contra o qual cada um se fez"[1]. Acredito que são palavras apropriadas para algumas das questões que discuto neste trabalho, com o reparo do tempo verbal. Em minha situação, é preciso colocar o verbo fazer em outro tempo, mais próximo. Além disso, logicamente, a tarefa a enfrentar é árdua e

---

[1] Ver *Esboço de auto-análise*. São Paulo: Cia das Letras, 2005, p. 40. Tradução, introdução, cronologia e notas de Sérgio Miceli.

bem desigual, dada a hegemonia, tanto no espaço acadêmico quanto em outros meios de divulgação presentes na sociedade brasileira, da visão que poderia denominar "ortodoxa". Essa visão propaga a ideia, bem difundida e que encontra eco em várias instâncias, de que nas universidades públicas brasileiras encontra-se a elite econômica brasileira.

A partir de uma reflexão conceitual sobre o uso do termo elite no quadro das Ciências Humanas e de uma detalhada análise das pesquisas existentes sobre os perfis dos estudantes do ensino superior público no Brasil[2], além dos dados trabalhados para elaboração da minha amostra, constatei que essa proposição é insuficiente, não obstante as imensas desigualdades educacionais que diuturnamente encontramos neste país.

A tese do elitismo econômico aparece em percentuais que, quase sempre, passam desapercebidos ao efetuarmos uma leitura rápida. Nada contra a Estatística, disciplina importante para o desenvolvimento científico. Porém, é preciso uma leitura mais parcimoniosa, dado o bombardeamento diário a que estamos submetidos: 20% **mais ricos** da população, **mais de** 80% dos alunos[3]. Exemplo recente encontra-se em um artigo de revista prestigiosa de divulgação científica[4] que defende a "universidade pública paga". Atentemos para os níveis de renda utilizados para definição das categorias sociais: os 10% mais ricos ganham a partir de R$ 571,00 mensais; a classe média entre R$ 131,67 e R$ 571,00 e, por fim, o pobre ganha menos que R$ 131,67 (Correia, 2005, p. 61).

---

[2]   A discussão em pormenor dos resultados de todas as pesquisas consultadas encontra-se no relatório para o Exame de Qualificação (Almeida, 2005). Aqui apresento aquelas que mais diretamente servem para apreender os argumentos em disputa.

[3]   Camargo e Ferman, 2004; Leitão, 2003; Instituto do Trabalho e Sociedade, 2001, dentre inúmeras outras.

[4]   Ciência Hoje, editada pela Sociedade Brasileira para o Progresso da Ciência – SBPC.

Vejamos um exemplo mais "acadêmico", feito por especialistas, pois são eles que nutrem os meios de divulgação mais amplos.

"... a chamada classe média brasileira está no topo da pirâmide social e, **estatisticamente**, encontra-se na faixa das pessoas mais ricas do país. A renda familiar per capita mensal não precisa atingir **700 reais** para que se esteja entre os 10% mais ricos da população brasileira (...) **no sentido estatístico**, a verdadeira classe média brasileira situa-se na parte central da distribuição de renda." (IETS, 2001, p. 5, grifos meus).

É preciso fazer uma "crítica da razão estatística" se assim posso dizer. Isso só pode ser feito pensando qualitativamente. Algumas perguntas são necessárias. A primeira é: qual a base de comparação que apresenta esse *mais rico* em detrimento de um *certo pobre*. Em outros termos, **quem é esse pobre ou mais pobre?** O vocabulário utilizado é muito importante e ele deixa passar muita coisa: sempre podemos notar em pesquisas semelhantes àquelas anteriormente mencionadas a utilização de um "pobre" que passa bem longe do funil do ensino superior. Bem, isso pode indicar o quanto esse país ainda não avançou na superação ou atenuação de desigualdades educacionais, porém, não é convincente o suficiente para validar a tese que só os "muito ricos", "a elite" predomina. Além disso, muito pouco se pensa sobre a realidade dessa renda para os mais diferentes indivíduos e situações existentes na sociedade brasileira, sobretudo nos grandes centros urbanos: para quem, que tipo de família, qual o custo de vida, famílias que dispõem de casa própria e reservas de patrimônio ou para quem sustenta família, paga aluguel, não dispõem de patrimônio, vive de salário, enfim, pouco se discute as condições em que essas divisões de renda estão imersas. Mas essas questões não podem mesmo ser discutidas, pois assim os argumentos perdem força. Por que não? Porque atingem fortemente a razão de ser de toda agregação estatística, a qual tende a apagar justamente o colorido, a diversidade de situações que caracteriza nossa sociedade. Bourdieu (1988, p. 114) apresenta contribuições importantes nesse sentido. Ao desenvolver sua teoria dos capitais defronta-se com os limites impostos pela agregação estatística, a qual tende a agrupar "espécies diferentes de capital, reduzindo-as a um único padrão". Como extensão, quando discute as várias frações de classe percebe que elas só podem ser pensadas e definidas "... por estruturas patrimoniais diferentes, ou seja, distribuição e volume distintos quanto às espécies de capital". É nesse sentido que argumento pelo cuidado quanto às estatísticas sempre recorrentes no debate sobre o perfil socioeconômico no ensino superior brasileiro. Não podemos nunca nos esquecer dos limites inerentes à construção de categorias sociais.

"... a teoria empirista dirá que as classes sociais estão na realidade, que elas se medem a partir de índices objetivos tais como a renda, o nível de instrução. A principal objeção à teoria realista consiste em dizer: na realidade, não há jamais **descontinuidade** (...) **de um ponto de vista estritamente estatístico**, é impossível dizer onde termina o pobre e onde começa o rico (...) mesma coisa para os jovens e os velhos. Onde termina a juventude? Onde começa a velhice? (...) A questão do recorte é muito justificada (...) **as construções são elas construídas ou constatadas?**" (Bourdieu, 1977, p. 86, grifos meus).

É preciso também "mergulhar" no uso que se faz do termo elite. A teoria das elites[5] nas ciências sociais geralmente está alocada, por excelência, no âmbito dos estudos da sociologia dos grupos políticos, pois, subjacente às várias tendências teóricas existentes – unidade das elites, elitismo democrático, circulação das elites, dentre outras – encontra-se o foco maior que é a questão do **poder**, sobremaneira o político, mas não só. Ou seja, o fulcro é o estudo dos grupos que lutam para ocupar

---

5   Para um resumo histórico dos estudos sobre elites, ver Grynspan (1996).

as **posições mais decisivas**, aquelas que definem os rumos de vastos segmentos da coletividade. Assim, de forma sucinta, nem todo mundo pode ser considerado elite, senão se esvazia por completo o conceito e perde-se a precisão maior do seu significado. Não é todo indivíduo que pode ser qualificado como pertencente à elite, seja esta de qual tipo for. Enfatizo, são pessoas que estão em posições consideradas cruciais em termos de decisão. Porém, tornou-se frequente das mesas de bar até a academia o abuso. Pior, a **substantivação do termo** que, por sua natureza conceitual, geralmente deve ser adjetivado. Explico: um indivíduo pode ser, a um só tempo, elite – intelectual, econômica e política –, porém, geralmente nem sempre isso é verdadeiro: ele pode ser elite intelectual e não necessariamente política ou econômica, dentre outras combinações. Assim, argumento que o estudo clássico de Wright Mills (1962), embora deva ser atualizado dadas as intensas mudanças ocorridas no mundo, apreende ainda o essencial e trata com propriedade o assunto no âmbito sociológico, pois mantém a questão do acesso ao poder como elemento central na definição do conceito "... as classes superiores são, entre outras coisas, um conjunto de círculos superiores cujos membros foram selecionados, treinados e atestados. E esses círculos envolvem definitivamente o acesso aos níveis superiores das principais hierarquias institucionais da sociedade moderna." (Mills, 1985, p. 69).

Por fim, e articulado com as reflexões anteriores, resta voltar agora para o plano empírico. A operacionalização das pesquisas existentes sobre os perfis dos alunos é feita em termos de "classes econômicas" utilizadas nas pesquisas do mercado publicitário para avaliar o poder de consumo da população[6]. A objeção é que, mesmo considerando

---

6   Trata-se do Critério de Classificação Econômica Brasil, o qual estima o poder de compra das pessoas e famílias urbanas mediante sistema de pontuação baseado na posse de itens de conforto familiar e no grau de instrução do chefe de família. Após o cômputo dos pontos tem-se a seguinte

os dados estritamente nesses termos – sem sequer apontar as espécies diferentes de capitais de que nos fala Bourdieu e são decisivas no jogo escolar – diversas pesquisas realizadas no Brasil – e também em alguns países desenvolvidos – apresentam um quadro bem distinto da tese da elitização econômica. Em outros termos, esquece-se a **heterogeneidade** presente nas "classes médias" brasileiras e a equipara, sem mais, a uma provável elite de cunho econômico ou aos muitos ricos.

A discussão sobre as classes ou camadas médias, grupos intermediários, dentre outras denominações, é extremamente complexa e polêmica nas ciências sociais devido à dificuldade empírica de delimitação das mesmas, mas principalmente pela multiplicidade de aportes teórico-metodológicos existentes, sempre em disputa constante[7]. Não é por outro motivo que Bonelli (1989, p. 14-15) já apontava que:

"... a complexidade desse tema e a consequente dificuldade da sociologia em conceituar aqueles que se encontram entre os poucos que estão acima e os muitos que estão abaixo é pública e notória. Dependendo do critério utilizado pelo pesquisador para o estudo da diferenciação social, temos uma ou várias classes médias, como também temos grupos de indivíduos sendo incluídos ou excluídos dela(s) (...) no que se refere às posições intermediárias da estrutura social, a sua complexidade e heterogeneidade interna estimulam a discussão e a polêmica no meio acadêmico."

Desde aproximadamente após a Segunda Guerra Mundial, esse "ator" entrou em cena nos vários domínios da sociedade. O espaço universitário não poderia ficar de fora. Registra-se que esse aspecto

---

renda média familiar – veja, não é a *per capita*! – de acordo com as "classes" econômicas: A1 (R$ 7.793); A2 (R$ 4.648); B1 (R$ 2.804); B2 (R$ 1.669); C (R$ 927); D (R$ 424); E (R$ 207). Esse é o parâmetro de onde saem em grande medida os fundamentos dos proponentes da tese do elitismo econômico.

[7]   Não vou aqui recuperar, mas lembrar o notório e constante debate polêmico entre as múltiplas teorias das classes sociais – neomarxistas, neoweberianos e outras vertentes – e também algumas versões das teorias da estratificação social.

não é uma singularidade brasileira e, sim, fato ocorrido em vários países, inclusive os desenvolvidos. Não à toa, será justamente a partir da expansão e também mudanças na composição desse estrato social que surgirão vários estudos para compreender o fenômeno: Wright Mills e seu White Collar (1951), J. K. Galbraith em The New Industrial State (1967), Anthony Giddens em The Class Structure of the Advanced Societies (1975) são apenas alguns. Quanto aos estudos em nível superior, não foi diferente. Florestan Fernandes (1975, p. 130-132) diz que "... a partir da década de 30 a urbanização acelerada e a industrialização intensificaram a desagregação do antigo regime e de sua manifestação mais inflexível, a polarização do ensino superior nas elites das classes dominantes". Cardoso e Sampaio (1994, p. 31) "... a ampliação das camadas médias urbanas, resultado dos processos de industrialização e urbanização, concorreu para alterar esse quadro, impulsionando, inclusive, a transformação da própria universidade. O fenômeno não é específico do Brasil (...) se verifica, quase simultaneamente, em todos os países que passaram por um rápido processo de terciarização e urbanização e que tiveram ampliados os setores médios da sociedade". Interessante constatar que mesmo em países como a França – excetuando algumas frações de classe da alta burguesia parisiense estudadas por Pierre Bourdieu e outros que agora seguem seus passos – e na Inglaterra, muitos estudiosos atualmente estão interessados em estudar as relações entre classes médias e educação[8]. Embora alhures "classe média" possa guardar diferenças, o essencial não muda: não são as camadas superiores, não é a elite, pois, como se sabe há muito, a educação é uma moeda essencial para a reprodução dos grupos sociais médios enquanto classe social. Ela perpassa de

---

[8]   Em língua inglesa, os recentes trabalhos de Ball (2003) e Power et al. (2003).

modo profundo suas apostas e desejos de manutenção e mobilidade sociais (Cf. Foracchi, 1965).

Pesquisas feitas em algumas das mais representativas universidades brasileiras apontam para a tendência histórica já aludida entre grupos médios e educação superior. Ferreira (1999, p. 54-59) analisando o perfil social dos alunos da maior universidade federal brasileira encontrou o seguinte "... não apresenta características populares, como também não contém nenhum indicativo de que o candidato à UFRJ é um estudante de elevado estrato social (...) mostram um corpo discente de classe média, e não de elevada origem social". Na Universidade Estadual Paulista, Santos (1997, p. 238) diz que "... observamos, de forma geral, a predominância de ingressantes que não podiam ser considerados como pertencentes à elite (...) o problema da elitização merece ser redefinido, pois dentro da 'elite' encontram-se jovens com diferentes perfis socioeconômicos". Quanto à USP, no trabalho que realizei desde a elaboração do projeto de pesquisa, em perspectiva histórica, as várias pesquisas[9] – ainda que algumas feitas com instrumental diverso – chegam a conclusões bem próximas entre elas: predominância de um público de "classe média", esta composta por intensas clivagens, onde os segmentos mais privilegiados de tal camada estão sobre-representados nos cursos mais disputados. Na Unicamp, Ghisolfi (2000) vai na mesma direção.

Ao contrapor a tese da "elitização econômica", não estou desprezando a eventual existência de indivíduos nesse patamar presentes na universidade pública brasileira, alocados nos cursos de maior concorrência e, sim, salientando que não se pode generalizar – o que é feito sutilmente – para o conjunto de alunos. A rigor, elite econômica no

---

[9]   Cf. Hutchinson (1960); Foracchi (1982); Hirano (1988); Naeg (1993). Salienta-se que os dados socioeconômicos recentes estão disponíveis no site da Fuvest. Uma leitura mais atenta pode confirmar o que aqui venho discutindo sobre a heterogeneidade do aluno uspiano.

Brasil, os muitos ricos mesmo, são empresários de médio e grande porte, acionistas de peso, credores da dívida pública brasileira, rentistas, executivos de grande e médio porte, dentre outras categorias que poderíamos listar. Pochmann (2005; 2006) resume um padrão geral dos ricos no Brasil: a grande maioria é composta por altos dirigentes do setor privado, atua no ramo de serviços e estão nos bairros nobres das capitais brasileiras. Possuem renda e um patrimônio acumulado em imóveis, títulos públicos e ações. São por volta de 76.738 famílias, com renda média mensal em São Paulo de R$ 36,6 mil. Alguns deles, sobretudo o maior industrial do país, quando escreve sobre educação em sua coluna dominical em um grande jornal paulista, defende o ensino pago nas universidades públicas, pois lá estão os "filhos da elite".

Esse percurso teórico e empírico foi necessário para explicitar alguns dos pontos que giram em torno das dinâmicas internas do campo do ensino superior no Brasil. Hey (2005) desenvolve amplamente as ligações existentes entre o campo político e o grupo social que propaga a tese do elitismo econômico. Sem desconsiderar suas contribuições ao explicitar claramente o projeto político que embasa esse grupo, queria partir da crítica interna dos conceitos e noções que por eles são manipulados para apontar os efeitos ideológicos presentes em suas proposições. Ao fazê-lo, retomo aqui passagem esclarecedora e bem ilustrativa do modo como venho tentando trabalhar a questão das desigualdades educacionais. Apóio-me no estudo de Foracchi (1982, p. 64), que já nos idos da década de sessenta chamava atenção para as ideologias que perpassam a questão do acesso ao ensino superior:

> "... é, de um lado, insustentável a suposição de que o universitário paulista seja, predominantemente, recrutado nas camadas superiores da população. É, por outro lado, sem fundamento a noção oposta que admite que o estudante – em razão do processo de mudança

que caracteriza, no presente, a sociedade brasileira – venha sendo recrutado, em larga medida nas camadas inferiores da população. A primeira corrente de opinião enfatiza a natureza 'privilegiada' do ensino secundário e a segunda procura convencer-nos da sua crescente democratização. Em ambas, como se percebe, existem sensíveis implicações de conservadorismo que (...) concebem a Universidade como se ela fosse uma realidade autônoma, desvinculada do contexto histórico-cultural."

Portanto, o grande desafio é como pensar o processo educacional brasileiro considerando a realidade sócio-histórica em que estamos inseridos, no qual **segmentos das ditas "classes médias", indubitavelmente, estão muito bem posicionados nas disputas no terreno educacional devido às intensas disparidades de recursos – materiais e simbólicos – existentes entre os grupos do país.** É preciso fazê-lo, ainda que de forma árdua e pouco atrativa, sem cair em uma discussão a meu ver inapropriada: elitismo econômico como eixo explicativo daqueles que frequentam o ensino superior.

A falta de tempo devido à necessidade de trabalhar produz uma diferenciação interna: o estudante em tempo integral, que pode aproveitar a USP mais plenamente e, por isso, fazer um curso melhor, aprender mais[10], e aquele que trabalha e estuda. Temos aqui uma separação objetiva bem delimitada entre os uspianos que acarreta diferenças incontornáveis também no plano simbólico. Um episódio ocorrido no primeiro ano descrito pela Ana marca a tensão entre o tempo livre para realização de um bom curso – dedicação total – sugerido por uma docente e a situação real dos alunos pesquisados, onde reina a escassez do tempo – dedicação parcial "... a professora falou 'gente, se vocês querem fazer um curso bom de Letras, vocês não

---

[10]   "... aquelas pessoas que não trabalham acabam tendo mais vantagens, acabam sabendo mais porque pode se dedicar" (Ana).

podem trabalhar'. A sala todo quase vaiou a professora, porque quase todo mundo, à noite, trabalha". Adauto emite juízo análogo quando diz que a falta de base em línguas acaba interferindo em um melhor desenvolvimento do curso. Assim, empiricamente, "elite", privilegiado, assume dois significados articulados: possui **tempo porque não trabalha e lê inglês ou francês.** Com isso, podem fazer um *curso para valer.* Como se vê, ainda que esse estudante tenha muitas vantagens e trunfos em relação aos alunos investigados, estão longe da elite econômica de que alguns estudiosos falam. Longe, simplesmente, porque alguns dos pesquisados – os quais tiveram certo tempo propiciado por bolsas que lhes permitiram trabalhar meio período – puderam usufruir, de modo mais pleno, dos serviços que a universidade dispõe, aproximando-se de um tipo de aluno melhor posicionado em termos socioeconômicos. Embora, logicamente, as diferenças de formação e as cobranças sociais e constrangimentos psicológicos para os estudantes com desvantagens educacionais sejam bem maiores. Nas várias falas, às vezes até de modo tácito, isso aparece. Refiro-me ao sentimento maior de saber que algo existe e querer investir, porém, as condições objetivas – necessidade de trabalhar, histórico familiar, dentre outras – acabam "jogando água" nesses vislumbres, sobretudo quando passam a perceber e viver as restrições que o trabalho diário apresenta às suas pretensões de desenvolvimento acadêmico:

"... para boa parte dos alunos, principalmente desses que trabalham [e] não têm tempo suficiente para se dedicar à leitura, então acaba fazendo um curso ... mas não tão bem como deveria. Você vai fazer literatura brasileira ou portuguesa, vai passar pelo Simbolismo e o Simbolismo remete direto ao francês. Um Mallarmé, um Baudelaire, um Rimbaud, todos franceses traduzidos para o português (...) só que a gente sabe que para um melhor rendimento do curso, seria [melhor] ler em francês, certo? Não é o mesmo rendimento. Não que aquilo vai impedir [que] você conclua o curso, mas é um empecilho sim, porque se tivesse o domínio daquela língua (...) entenderia melhor **as coisas que estão em jogo** quando o professor está explicando aquele poema. O professor mostrou isso para a gente na classe: ele falou 'olha, isso daqui em francês não tem nada a ver com o que é traduzido, a ideia que o cara está querendo passar aqui é totalmente outra', então para quem sabe o francês, **vai se dar melhor, vai fazer diferença**. A USP é feita para a elite, só que a elite sim que sabe inglês, francês (...) por isso que o professor fala 'ah, *tá* bom, não precisa se preocupar porque a gente dá em português, mas ele *tá* dando ali o último recurso." (Adauto).

"... em Letras, o francês é diabólico porque muita teoria é francesa. A maioria dos professores não exige mais. Geralmente traz um texto traduzido ou uma adaptação *pro* português, mas existem casos que não têm, aí o professor traz um texto, explica, mas **não é a mesma coisa que você ler, né**?" (Lúcia).

"... eu não queria ser uma profissional medíocre, porque se você não tem muito tempo para ler, se aprofundar, acaba ficando com um conhecimento muito superficial." (Isabela).

"... a gente vê que muitas atividades são feitas no período da manhã ou da tarde. Não dá para eu participar porque eu trabalho. Wilson: Se você tivesse tempo, o que ...? Ana: Das palestras maravilhosas que tem aqui na Letras, de uma professora mexicana. Wilson: Mas você nunca assistiu a uma palestra desde quando iniciou o curso? Ana: Não, não. Wilson: Trabalha e vem para o curso? Ana: É, exatamente. **O que me interessa ocorre durante o dia**."

"... devido à situação de morar longe, normalmente eu chego em cima da hora. O máximo que eu faço é comer alguma coisa na cantina, ir na xerox, vejo o pessoal conversando, sento lá e converso com eles. Não tenho tempo de ficar indo em CEPEUSP, porque tem que trabalhar." (Eduardo).

Além da necessidade de trabalho para sustento, as situações de Carolina, Adauto e Robson apontam para a natureza do trabalho, marcado pela precariedade ou pelo desgaste físico-mental. Adauto gostava do trabalho como bolsista na USP, em contrapartida, odeia o trabalho que agora retoma após o término da bolsa. Não gosta do pó e cheiro de cola com o qual convive diariamente durante quatro horas. Robson diz que já se acostumou, mas o trabalho em si, no início, "foi um choque"[11]. Trabalha com a situação degradante do corpo – em decomposição, mau cheiro. Visualmente, diz ver "coisas horríveis": crânios amassados, dilacerados, vísceras expostas. Há um cansaço/fadiga mental devido à grande quantidade de corpos. Tem que arrastá-los "alguns são bem pesados", lavar "a roupa fica com o cheiro dos cadáveres". Ele tem que levar a roupa que usa no trabalho e lavá-la em casa. Além disso, o instrumental de trabalho fica por conta dos funcionários que têm de comprar as lâminas e o material de proteção, pois aquilo que o Estado fornece é pouco e bem precário. No caso de Carolina, o que desponta é o trabalho alienado classicamente desenvolvido por Marx, porém, acredito, com muito mais tensão e desgastes psicológicos.

"... tem dias que eu acho que isso é uma estupidez 'que é isso que eu estou fazendo?'. Aí vem uma parte fisiológica *tá*, meio piração da minha cabeça: entra um cliente dentro da loja e você não vê essa pessoa como uma pessoa, você vê como simplesmente alguém que vai te proporcionar um lucro, só isso. Wilson: Loja de que você trabalha? Carolina: Roupa feminina. Sua intenção é tirar o máximo dessa pessoa, olha que coisa feia! Se eu for pensar dessa forma, estou frita. Wilson: Mas você pensa? Carolina: Ás vezes eu penso e aí me dá um sentimento horrível, porque não é o que quero estar fazendo, entendeu? É um ser humano, que entra ali por um motivo ou por outro, por uma necessidade ou compulsão e não posso pensar que estou tirando proveito dessa pessoa (...) eu quero ter a possibilidade de fazer alguma coisa construtiva, eu não estou fazendo nada cons-

---

[11]   Lembrando que ele era auxiliar de necropsia e agora foi promovido para a função de perito criminal.

trutivo – estou incentivando um consumo que é supérfluo, uma calça jeans de R$ 300,00 quando você pode pagar R$ 30,00."

"... eu só ganho por comissão, não tenho salário fixo. Você só ganha se você vende. Se você não vende, você não ganha. Wilson: Cinco calças jeans quanto eu recebo? Carolina: Uma miséria, o piso salarial da classe, R$ 300,00 [o piso salarial da classe é uma calça vendida] (...) O piso não conta. Tem uma cota que é batida ou não. Essa cota é mensal. Esse mês é de R$ 58.000,00 [cinquenta e oito mil reais]. Eu tenho que vender isso – posso vender ou não. Wilson: Todo dia você vai com essa cabeça que tem que vender? Carolina: Tem que vender. Não posso ficar aquém desse valor. Pelo menos R$ 40.000,00, no mínimo, porque se eu vender menos que isso, eu tenho colocações, tem que revezar de um mês para outro. Esse mês acho que estou na 3ª colocação, mas o mês passado fui a última. Wilson: Como é que foi isso para você? Carolina: Péssimo, você se sente horrível, muito mal. Wilson: E como você faz quando vem para o curso, se desliga disso? Carolina: Eu me desligo, mas eu não vou te falar que não interfere. Essa produção você tem que atingir, é uma meta. Quando isso não acontece. Wilson: Como que é? Carolina: Daqui uma semana, mais ou menos, vou ter uma reunião com a minha gerente. Foi a primeira vez que fiquei em último lugar em três anos que eu trabalho lá. Tenho uma avaliação mensal, todas as vendedoras têm, que é sobre seu rendimento, sua colocação dentro da loja e dentro da empresa, pois tem outras lojas, então tem o quadro da rede. Wilson: Tem ranking? Carolina: Ranking da loja e em relação à empresa, participação na rede. É a maior loja, a maior equipe, é a maior cobrança, a cota é sempre a maior."

Mas a *determinação* é mola propulsora para ir "tocando o barco".

"... Carolina: As cobranças são as minhas próprias, porque eu tenho minhas contas para pagar. Eu tenho minha vida para levar. Wilson: *Tá* dando para levar? Carolina: *Tá* dando, mas eu sempre estou com a corda no pescoço. Coisas que eu gostaria de fazer e não faço. Wilson: Quais? Carolina: Estou desde o ano passado querendo pintar a frente da minha casa, e eu só vou poder pintar agora. Essas coisas pequenas do dia-a-dia que você tem que programar. Se quebra a máquina de lavar, tudo custa dinheiro, entendeu? Wilson: Já pensou em voltar para Minas? Carolina: Não, nem quero. Quem *tá* na chuva é *pra* se molhar."

Há um subgrupo de alunos formado por Adauto, Gilberto e Marcos que tem a possibilidade de uma maior fruição da universidade quando contrapostos aos que trabalham em período integral e não moram na USP. Assim, tempo e distância aparecem como elementos importantes para apreender a dinâmica do uso do espaço universitário pelos pesquisados. Gilberto e Marcos moram no CRUSP – Conjunto Residencial da USP, assim o aspecto da distância não constitui problema. Adauto, apesar de morar distante, aproveita o máximo da USP "... desde o meu primeiro ano, já consegui trabalho aqui. Eu sempre estava aqui o dia inteiro e ainda continuo. Assisto aula, frequento o Cepê, a parte da cinemateca na ECA que é bem legal, você pode assistir a filmes antigos, peças de teatro, alguns museus – de Arte Contemporânea, o Paço das Artes".

"... eu tenho privilégio de morar aqui, eu moro no CRUSP. Então, aos poucos eu fui conhecendo tudo o que a USP oferecia. Eu uso regularmente. Tem tudo o que você queira fazer. Mário: Quanto às oportunidades que a USP oferece eu conheço, mas aí não tenho tempo, vir da minha casa aqui meu. Gilberto: É, acho que é um privilégio meu porque eu moro aqui dentro. Tenho grandes críticas, porque eles só fazem nos horários que a gente não pode frequentar. Mário: Horário de aula, principalmente. Gilberto: Os simpósios acontecem durante o dia, horário em que eu trabalho, não tem como." (Gilberto).

"... costumo participar, mas tenho consciência que eu participo porque, de certa forma, fui privilegiado porque tinha bolsa, então estava aqui o dia inteiro, sabia das coisas que estavam acontecendo e tinha tempo (...) os que trabalham não têm condições de estar aqui duas horas, três horas da tarde para assistir palestra. Então, por eu saber que tinha essa oportunidade, procurava dar valor a isso: assistir palestras, usufruir do Cepê, Centro de Línguas, grupo de estudos. Como tenho tempo, tenho a infraestrutura, procuro tirar o máximo de proveito." (Adauto).

"... eu frequento aqui quase todos os ares do campus: tanto o Cepê [CEPEUSP – Centro de Práticas Esportivas da USP] quanto o CRUSP, a própria FFLCH, algumas outras faculdades (...) os museus costumo frequentar, Bandejão é de lei." (Marcos, grifos meus).

Tanto Karl Marx nos Manuscritos Econômico-Filosóficos, o qual contrastava o reino da necessidade marcado pelo trabalho alienado e o reino da liberdade, onde o tempo livre apareceria como recurso indispensável, quanto Pierre Bourdieu em suas reflexões sobre os liames entre capital econômico e capital cultural, fornecem elementos para compreender a fruição dos estudantes dos segmentos menos favorecidos da população, ao marcar as desigualdades existentes em relação aos indivíduos que não necessitam trabalhar[12]:

"... a transformação do capital econômico em capital cultural pressupõe um gasto de tempo possibilitado pela posse de capital econômico. Mais precisamente, porque o capital cultural que é efetivamente transmitido dentro da família depende não somente da quantidade que o grupo doméstico possui, mas também do tempo útil (particularmente na forma do tempo livre materno) disponível em virtude de seu capital econômico (que o permite comprar o tempo dos outros) para garantir a transmissão deste capital e atrasar a entrada no mercado de trabalho mediante uma escolarização prolongada.

... Condição de toda aprendizagem da cultura legítima, seja implícita ou difusa como é, quase sempre, a aprendizagem familiar ou explícita e específica como a escolar, estas condições de existência

---

[12]   E podem se dedicar, amplamente, ao "lazer estudioso".

se caracterizam por uma suspensão e afastamento da necessidade econômica e pela distância objetiva e subjetiva da urgência prática, fundamento da distância objetiva e subjetiva dos grupos submetidos a esses determinismos.

... É por intermédio do tempo necessário à aquisição que se estabelece a ligação entre o capital econômico e o capital cultural (...) o tempo durante o qual determinado indivíduo pode prolongar o seu empreendimento de aquisição depende do tempo livre que sua família pode lhe assegurar, ou seja, do tempo liberado da necessidade econômica que é a condição de acumulação inicial." (Bourdieu, 1986, p. 253; 1988, p. 51; 1999, p. 76).

Carolina aponta a diferenciação interna entre os estudantes, *independentemente dos cursos que frequentam*, rebatendo fortemente na fruição, no uso diferente que os mesmos fazem desse espaço, o que enseja fortes ressentimentos.

"... a faculdade, ela é feita para quem não precisa trabalhar. Ela te oferece muita coisa. Quando a faculdade te oferece esse tipo de coisa e você não pode participar, te deixa muito chateada (...) essa menina, que é estudante de História no vespertino e também assiste às aulas à noite, por exemplo, ela já fez Iniciação Científica, estava num grupo de um professor. Tem um outro, que também faz parte do grupo dela, um garoto magrinho alto, *tá* no grupo desse professor, fazendo pesquisa. São pessoas privilegiadas, elas têm uma possibilidade, eles estudam no vespertino, têm a noite inteira para poder desenvolver os grupos, as leituras, para tudo, porque são pessoas que não precisam trabalhar – não estou falando que as coisas são fáceis por esse motivo, não sei da vida particular de cada um, mas a partir do momento que você não tem esse compromisso de ter que trabalhar para se manter." (Carolina).

A utilização dos espaços, muitas vezes, restringe-se à sala de aula como expressa Rose "... eu não frequento nada aqui. Só a sala de aula e o curso que faço no sábado, pago" ou se resume à mera passagem pela biblioteca à procura de livros. Além da biblioteca, locais que não necessariamente guardam relação estreita com elementos próprios do mundo universitário como bancos e hospital. A constante falta de tempo não lhes permite comparecer às palestras tampouco usufruir a estrutura física que a USP oferece, deixando sempre para um futuro que, cada vez mais se alonga, longínquo, como deixa transparecer Carlos "... tem um centro poliesportivo à nossa disposição, apesar [de] que a gente não pode aproveitar muito porque trabalha, *né*? (...) mas *tá* lá: o dia que a gente puder *tá* lá para a gente dar uma aproveitada".

Porém, há "brechas": "malabarismos" e sacrifícios são feitos para aproveitar, ao menos esporadicamente, as atividades disponíveis. Isso passa por "abdicar" de um dia de trabalho, como fez Rose, para participar de alguns simpósios; "matar uma aulinha" quando a palestra é interessante na situação de Jonas ou ter uma precisão milimétrica com horários como faz Carolina "... eu consigo vir ao Cepê duas vezes por semana. É corrido. Tenho que fazer uns cambalachos no meu trabalho para poder chegar: tenho que sair exatamente às 16 horas para poder chegar e fazer uma aula de yoga. Terça e quinta eu faço aula, desde o segundo semestre. Isso é uma pequena coisa, mas quantas mais eu poderia fazer. Wilson: Quando tem mais um cliente? Carolina: Eu perco. Dancei. Wilson: Isso tem ocorrido muito? Carolina: Tem semestre que o professor, coitado, não vê minha cara. Acha que desisti".

Otávio, estudante de Ciências Contábeis, marca o contraponto em relação às trajetórias analisadas. Em seu entender, é a realização de trabalhos práticos que desenvolveria o aluno e não a possibilidade de um tempo ampliado para dedicar-se mais aos estudos. Nesse sentido, seria contraproducente o estudante deixar de trabalhar ou dispor de um tempo maior para "só" estudar, o que seria visto com desconfiança pelo mercado de trabalho. Contrasta, assim, com a opinião prevalecente "... o fato de você só estudar te prejudica, porque a gente tem que ter não só um conhecimento teórico, mas a prática – e a prática é um trabalho. A gente *tá* estudando Contábeis, não está estudando Economia, tem atividade prática. Se você não tiver um trabalho, depois que você sai não consegue nem emprego, não adianta o diploma USP que você não consegue nada".

Somente dispor de mais tempo não é suficiente como explicação, embora possa se perceber o quanto essa variável cumpre papel central. Importaria saber como investi-lo, a importância que o aluno dá a esse tempo livre no que concerne ao aproveitamento das potencialidades que a USP lhe oferece, em quais condições, ou seja, saber onde empregá-lo melhor se configura como elemento para equacionar de forma mais equilibrada o que aqui discuto como fruição. Em consequência, a formação anterior do indivíduo, aspectos singulares de sua trajetória, a percepção para as oportunidades que surgem em sua vida ao abrir um campo de possibilidades para seguir caminhos pouco comuns para sua camada social. A despeito de ultimamente ter sido alvo de críticas devido a seu caráter unificador por querer abranger as mais variadas situações da vida, a noção de *habitus* – conceito que procura mediar as relações entre as estruturas objetivas e as disposições ligadas à condição particular de determinado indivíduo – pode ainda ensejar contribuições, pois quando articulada com a noção de campo social, permite dispor de uma "teoria da eficácia simbólica"[13], dando instrumentos para apreender, por exemplo, a surpresa de Clara ao ouvir em um diálogo o nome de um espaço da USP que até então ela desconhecia por completo e que está fortemente relacionado com a sua carreira "... Rose: um lugar que eu nunca fui, que eu tenho muita vontade de ir é no IEB. Clara: O que é o IEB? Gilberto e Adauto: Instituto de Estudos Brasileiros. Rose: Onde estão os manuscritos do

---

13 Cf. Bourdieu, 1983, p. 39.

Mário de Andrade. Gilberto: Acervo de Mário de Andrade, autores brasileiros. Clara: Ah é".

Em outras palavras, uma "apropriação plena" da USP passa também pelos limites objetivos que os investigados enfrentaram e enfrentam diariamente. Em consequência, é preciso partir da noção precisa dos "excluídos do interior"[14] e ir um pouco adiante, no sentido de percorrer a complexa e contraditória relação entre trabalho e estudo, pois é disso que se trata. Para além da "relegação aos ramos de ensino de segunda ordem que implica um efeito de marcação e de estigmatização, propício a impor o reconhecimento antecipado de um destino escolar e social (...) a outorga de diplomas desvalorizados"[15] é preciso pensar, mesmo nessas carreiras, o que, de fato, lhes é dado absorver do meio universitário. É isso o que me norteava desde a concepção do projeto de pesquisa. O usufruto efetivo que as falas de Carolina, Mauro e Ana deixam aparecer:

"... Wilson: Como é que você faz para dar conta das leituras? Carolina: Precisa ler nos momentos que eu tenho para ler. Wilson: Que momentos são esses? Carolina: Tenho as minhas folgas para estudar, eu tenho esse tempo que eu chego na faculdade até a hora da aula para poder ler. É muito pouco. É difícil, é corrido. Tenho consciência de que o curso poderia ser muito melhor." (Carolina).

"... Mauro: Você se esforça para fazer o básico. Ana: E olha lá."

Por que fazem um curso superior? Como se dá a relação com o conhecimento obtido na universidade? Como é isso para esses "trabalhadores-estudantes"?

Todos, sem exceção, acreditam que o ensino superior pode lhes acrescentar algo no sentido de um desenvolvimento ou melhoria pro-

---

[14]   Cf. Bourdieu e Champagne, 1999.
[15]   Ibidem, p. 172-73.

fissional, que pode ser desdobrado na sobrevivência em um mercado de trabalho onde a concorrência torna-se cada vez mais intensa, na busca do diploma para manter ou conquistar posições, embora saibam da insuficiência desse procedimento para garantia do emprego nos dias atuais. Conjugado a isso, a busca por adquirir conhecimento e, também, certa dose de idealismo.

Mas é preciso restituir a complexidade que não permite dar um caráter fatalista para muitas das passagens aqui destacadas, bem expresso por Carolina no seu desejo de ser professora e mudar de profissão, fato permitido pelo contato com um mundo novo "...**uma vez que eu entrei nesse mundo, eu não pretendo sair dele** (...) porque antes me faltava um monte de ... me faltava conhecimento, me faltava ... alguma coisa te desperta. Uma ... capacidade não seria a palavra. É que você se acha meio burro, ignorância. Wilson: Vou usar "nova capacidade". Você passou a ter percepção quando? Carolina: Já na faculdade. Você pode discordar, tem um ... como vou dizer ... [pausa] você sabe caminhar com suas próprias pernas. Eu posso terminar a graduação, mas posso continuar os meus estudos sozinha, vou ter instrumental para isso". Ou seja, apesar dos pesares, a universidade abre-se como um universo que permite novas possibilidades:

> "... o simples fato de entrarem para uma escola de ensino superior já dará aos estudantes cujas famílias sejam mais destituídas de capital cultural e econômico novos grupos de pertença e de referência. A visibilidade de um futuro profissional de promoção e a sua eventual desejabilidade é também suscetível de conduzir à socialização antecipada de alguns desses estudantes, ou seja, à procura ativa de novos modos de inserção social, à adoção de novos valores, uns e outros julgados mais eficazes como preparação para esses futuros enquadramentos profissionais e sociais que mobilizam as expectativas." (Costa, Machado, Almeida, 1990, p. 200).

6.2 Papel Institucional

Se as desigualdades educacionais são produzidas, substancialmente, em outros âmbitos, até que ponto a universidade pode intervir? Qual o seu limite?

Como aponta Glaucia Villas Bôas em pesquisa efetuada com professores na Universidade Federal do Rio de Janeiro, a "universidade" ainda está distante de entender *a parte que lhe cabe* na produção e reprodução das desigualdades "... nos depoimentos colhidos, é recorrente a evocação de uma entidade impessoal, a sociedade ou sistema, cujo funcionamento precário distribui mal os bens de renda, educação, justiça etc., para justificar as desigualdades entre os alunos. Não se considera o fato de que a universidade também seleciona e partilha (...) A resistência dos docentes não é a de encarar as desigualdades sociais, mas, sim, de percebê-las dentro da universidade." (Villas Bôas, 2001, p. 111).

Essas indagações levam a discussão para uma análise sobre um *olhar mais interessado* em relação a alguns pontos. Primeiramente, aquilo que poderia denominar *a recepção ao aluno ingressante* no sentido de uma comunicação e fornecimento de informações sobre os serviços existentes, sobretudo aqueles que poderiam ser de elevado auxílio para estudantes socialmente menos favorecidos. Essa temática dialoga estreitamente com o ponto já discutido da transição ensino médio-universidade, a qual afeta qualquer estudante, mas, argumento, tem uma força maior na vida dos alunos que investiguei.

É preciso verificar o que há e, mais importante, como é divulgado para a comunidade acadêmica e também para aqueles que pretendem ser os futuros alunos. A USP possui um Manual do Calouro, uma publicação da Coordenadoria de Comunicação Social[16] onde estão

---

[16]   Tem a função de divulgar a produção científica e cultural da USP.

contidos textos de boas-vindas da Reitora, da Pró-Reitora de Graduação, histórico da universidade, campi existentes, serviços oferecidos contemplando assuntos como assistência estudantil, calendário escolar, telefones e endereços para contato, além de um glossário com termos pertinentes à vida de todo aluno. Segundo relato de uma funcionária da Pró-Reitoria de Graduação, todo aluno recebe, no ato da matrícula, o Manual do Calouro. Há ainda uma Semana de Recepção ao Calouro, realizada pelas unidades, com a participação da Comissão de Graduação e a adesão dos Centros Acadêmicos. Dick (2002, p. 50), referente à recepção na FFLCH, diz que "... reformuladas e redimensionadas, as Comissões de Graduação das Unidades, a partir de 1991, ficaram encarregadas, com outros órgãos internos, de conduzir a recepção dos calouros. Adotou-se um procedimento misto, conjugando-se as informações didáticas no ato das matrículas, pelos membros das Comissões e a programação cultural, desenvolvida com a participação dos centros acadêmicos das faculdades".

Mas as evidências empíricas encontradas estão em sentido oposto, embora, cabe ponderar, é preciso levar em conta a autonomia e diferenças entre as unidades da USP, além do interesse do estudante em procurar inteirar-se a respeito do que existe para ajudá-lo:

> "... Marcos: Quando você entra aqui, fica totalmente perdido. Lúcia: É, o primeiro dia de aula é um inferno, é realmente assim uma prova de fogo. A gente não tem auxílio de ninguém, é jogado dentro do prédio, o resto é com a gente. Marcos: Quando ele [o aluno] entra aqui, principalmente porque têm alguns departamentos que não têm centros acadêmicos estruturados, fica meio perdido. Lúcia: No meu primeiro dia de aula, vim lá de Itaquera [bairro da zona leste paulistana, a USP situa-se na zona oeste]. Não é possível, gente, não mostram nem uma sala de aula para gente, é complicado. Otávio: A própria USP, para quem nunca entrou aqui, é um absurdo para achar alguma coisa. Marcos: Não

só isso, não é a localização, mas também o que a USP te oferece quando você está aqui. Lúcia: É. Marcos: Neste sentido, as bibliotecas, como se usa. Lúcia: É muita informação para uma pessoa se virar sozinha."

"... quando você entra, não tem assim um roteiro. Meu primeiro dia de faculdade: entrei, não sabia onde é que ia ter aula, que aula ia ter naquele dia, não sabia nada. Era uma loucura, uma confusão. Você tem que sair perguntando os lugares para as pessoas. É uma desinformação total. Uma Babel. Se você tiver a sorte de que alguém olhe para você e fale 'coitada, *tá* com cara de perdida, deixa ver se eu posso ajudar', ótimo. Se não, meu amigo, vai bater cabeça (...) que universidade é essa? Aí você imagina uma universidade que tem quantos alunos em um curso, naquele período. Uma pessoa que não teve contato nenhum com a faculdade antes, não sabe o que é isso aqui, cai de paraqueda (...) Wilson: Você recebeu o Manual do Calouro? Carolina: Já tinha, mas quem te falou que me deram alguma coisa. Um belo dia eu parei lá naquela recepção, lá no portão [refere-se ao Centro de Visitantes, ligado à Coordenadoria de Comunicação Social da USP] e entrei lá. Wilson: Alguém te deu um toque? Carolina: Meu namorado, ele falou 'aqui deve saber'. Parei e perguntei, aí ela falou 'ah, *tá*, você é caloura?'. Ela me deu tudo o que tinha para caloura, planta da USP, tinha tudo."

"... acho que a comunicação é muito grave aqui. Por exemplo, você entra e ... como isso se dá, como acontece, de boca a boca. 'Ah, que isso amigo? Isso é *pra* todo mundo? Como que eu faço?' Você não sabe. Gilberto: Eu descobri o significado da palavra bicho, por que tem esse nome, porque as pessoas entram aqui sem saber nada. A estrutura é muito grande, tem muitas coisas, você nunca tem acesso a tudo. Eu estou no terceiro ano e tenho certeza de que tem muitas coisas que eu não conheço na USP. Mário: É, eu também. Gilberto: e vou sair daqui sem conhecer. Clara: sem usar, sem saber que existe."

A USP dispõe de um programa, subordinado à Pró-Reitoria de Pesquisa, denominado **Programa Bolsa Especial para Estudantes**

de Graduação, voltados para alunos que estejam no segundo ano do curso. Vejamos uma breve descrição do seu objetivo "... a Universidade de São Paulo mantém um programa de bolsas que proporciona condições para que seus estudantes de graduação de alto desempenho acadêmico, **especialmente do curso noturno**, permaneçam na universidade **não somente no período em que assistem à aula**. Objetiva-se possibilitar (...) a aquisição de treinamento especializado, engajando-se em projeto de pesquisa de grupos qualificados (...) o valor da bolsa é de R$ 500,00. Há um total de quarenta bolsas" [grifos meus].

Surpreende-se que essa informação não esteja disponível no Manual do Calouro. Na realidade, ela se encontra **somente** no site da referida Pró-Reitoria, sob a denominação de Projeto 4. A surpresa maior, porém, tive ao entrevistar, rapidamente, um ex-Pró-Reitor de Pesquisa, o qual me disse: "... se divulgar, não há como contemplar todos". Se não há verba suficiente para ampliação do programa é compreensível, mas, parece que não há um empenho – institucional – em divulgar esse serviço, importantíssimo à luz do que vem sendo aqui discutido. O que incide aqui é a integração e maior divulgação pelos órgãos universitários dos programas que possuem. Não fazê-lo influencia, fortemente, a possibilidade de fruição dos estudantes desfavorecidos que têm assim uma oportunidade subtraída para aproveitar do que a universidade dispõe. Não abre horizonte para Clara e outros "... driblar um monte de situações para levar o curso". Cumpre registrar que a USP dispõe de outro programa voltado aos graduandos economicamente desfavorecidos, bastante divulgado, o Bolsa-Trabalho. Criado em 1989, a verba do programa vem das heranças vacantes – espólios de pessoas sem herdeiros – apropriadas pelo Estado e repassadas para a universidade. Atualmente, são 600 bolsistas espalhados em 340 projetos. Para ganhar a bolsa, é preciso ter renda familiar até R$ 1.500,00 e ser selecionado no respectivo projeto. O valor é de um salário mínimo. Adauto e Isabela ressaltam a importância da bolsa na universidade, Clara, a dificuldade de consegui-la:

"... a USP prioriza a pesquisa (...) ele [o aluno] tem essa possibilidade de fazer pesquisa (...) pesquisa com bolsa é outra coisa. Clara: mesmo porque bolsa aqui na FFLCH é uma coisa ... conseguir uma Iniciação Científica não é igual a um engenheiro lá na Poli. Adauto: Ela [USP] tem a vantagem de incentivar as pesquisas e a desvantagem é não ter patrocínio suficiente que seria o ideal, porque aí você teria tempo e condições materiais."

"... o ideal seria ter uma bolsa (...) da mesma forma que a FAPESP dá uma bolsa de incentivo, a gente deveria ter uma bolsa para estudar, para se dedicar totalmente, porque senão o Brasil vai continuar tendo dificuldades em ter profissionais da área de Humanas (...) os professores da USP têm metade do dia dedicada à pesquisa e metade à aula. Os alunos deveriam ter a mesma coisa: metade dedicada ao estudo e metade à aula (...) você acaba tendo uma evasão muito grande ou tendo profissionais que não se dedicam o suficiente." (Isabela).

Um outro aspecto trata dos *horários das atividades e do funcionamento de espaços de formação*, ponto que também incide no uso que se faz da universidade:

"... Carolina: A universidade pode dar uma mãozinha. Wilson: Em que sentido? Carolina: Com relação a manter determinadas estruturas que possibilitem que as coisas não se realizem só naquele período. Por exemplo, no período noturno, o que tem nessa universidade? Aula. Tem algum museu aberto? Não (...) ela pode abrir essas atividades nesse outro horário, em algum dia de semana específico para que todo mundo possa participar. Wilson: Horário noturno? Carolina: Isso, para quem tiver interesse realmente, participar. Isso é o que mais me incomoda. Lazer aqui dentro, realmente é quem *tá* no vespertino. O que tem para fazer no Cepê à noite? É só até determinado horário, até 19 horas. Depois não tem mais." (Carolina).

"... Marcos: Um problema que tem com o noturno, que não toquei no assunto, é, de repente algum departamento, algum laboratório, alguma coisa, do noturno, *tá* fechado. Lúcia: Ah, isso é verdade. Marcos: Tem muitos locais aqui que você precisa deles, na Geologia – biblioteca só funciona de dia. E quem trabalha de dia, como é que fica?"

"... tudo bem, a gente entende que o cara que vem dar uma palestra, ele só tem aquele dia, aquele horário, mas todo mundo? (...) a maioria das palestras ocorre mais ou menos no mesmo horário, eles canalizam para um determinado horário, geralmente à tarde ou de manhã (...) parece que não sabem que tem essa discrepância, programam as coisas para alunos que o único compromisso é com o estudo. Eles restringem." (Adauto).

Por fim, um último questionamento debatido nos grupos focais e entrevistas, girou em torno de se a USP poderia oferecer auxílio para alunos que eventualmente chegam com dificuldades básicas em alguns assuntos fundamentais, destacando-se adaptações curriculares como a introdução de disciplinas que ensinem a compreensão de textos escritos em inglês e francês[17]. Há divisões entre os investigados. Um primeiro grupo seria favorável, indicando que esse procedimento poderia servir como "ferramenta de apoio ao aluno ingressante", pois podem existir

---

[17] Cumpre dizer que na USP, além de alguns cursos existentes nos centros acadêmicos de algumas faculdades, há o Centro de Línguas da FFLCH, centro interdepartamental de estudos e de ensino que possui cursos instrumentais, voltados para a leitura de textos acadêmicos em alemão, espanhol, francês, inglês, italiano e japonês, além de um curso de redação acadêmica em português e inglês. Também existe, na Faculdade de Educação, o Centro de Estudos e Pesquisas no Ensino de Línguas (CEPEL), que ministra um curso de língua inglesa compreendendo seis estágios – até o estágio intermediário – com duração de três anos. Esse curso abrange compreensão oral e escrita. Registra-se que ambos são desdobramentos de um único projeto original que não teve êxito.

dificuldades na realização de tarefas escolares tidas como simples, mas cuja dinâmica é desconhecida por alguns:

"... eu acho que ajudaria. É a mesma coisa que aquelas instruções ... uma aula técnica de como você criar uma apresentação para o seu trabalho. Porque, às vezes, o professor cobra de você um seminário, ele quer que você apresente de uma forma (...) já vi colegas tirarem nota baixa (...) o professor já achava que você deveria apresentar aquilo ali. Falava 'oh, mas vocês não sabem que tem que ser assim? Não, não sei'. Um curso que pudesse abranger o comportamento dentro da ... Lúcia: Ferramenta. Antônio: Isso, **as ferramentas que você usa na graduação.**"

"... seria interessante o aluno ter uma disciplina que funciona como um **manual**, para ele ter uma ideia mais geral das datas mais importantes, dos acontecimentos mais importantes para não se perder (...) uma coisa mais geral." (Robson).

"... de forma que tivesse pelo menos o básico de um francês, inglês e espanhol no começo do curso, como **ferramenta**." (Lúcia).

Em contrapartida, há aqueles que discordam. Acreditam na ineficácia dessa proposição devido às diferenças trazidas pelos alunos, além de um maior alongamento do curso e a ideia de que não cabe à universidade suprir essa demanda. Além disso, há a posição expressa por Carolina, segundo a qual ao procurar suprir deficiências, haveria um desenvolvimento "... o aluno vai ter que se virar quando tiver disciplinas que exigem textos em língua estrangeira, mas acho que é um crescimento para ele. Não acho isso tão errado".

"... Lúcia: Uma pessoa que não sabe nada, ela tem necessidade. Otávio: Mas ela não vai entender nada. Lúcia: Ferramenta para aprender isso em uma matéria que auxiliaria as pessoas. Otávio: De que adianta se você coloca uma matéria de inglês técnico. É ser muito otimista, achar que uma matéria de inglês instrumental, voltado para finanças em um curso de Contábeis que a pessoa vai aprender alguma coisa (...) não resolve. Tem que ter o que tem. É fazer esses cursos de inglês. Na FEA tem curso, aqui na FFLCH tem (...) cada um tem que ir atrás, porque as pessoas estão em níveis diferentes. Na minha sala tem pessoas que falam inglês fluente e pessoas que nunca viram uma palavra em inglês (...) igual tem Português Instrumental no curso [segundo ano] que eu acho uma matéria insuportável, não serve para nada. É uma matéria gato morto. É obrigatório e tem conteúdo até interessante, mas de fato não ajuda em nada."

"... eu acho meio complicado você colocar um curso de línguas no meio de um curso de graduação. Acho que não resolve. Cada um tem que buscar o curso." (Rose).

Há os que sugerem um meio termo, expresso na posição de Marcos "... a universidade poderia, para essas pessoas que passaram no vestibular e acham que têm alguma dificuldade, propor alguns cursos temáticos. Não na grade, extra, porque não é todo mundo que tem essa dificuldade (...) quem precisa vai lá e procura".

Ao exame das evidências, percebe-se que há alguns programas existentes que carecem de uma melhor integração e maior divulgação – estão pulverizados em vários órgãos e possuem restrita publicidade institucional –, o que atingiria de forma mais eficiente seu público por excelência. Resta questionar o olhar mais atento da USP para essas ocorrências, sem o qual ela cumpre, como qualquer outra universidade pública, sem dúvida, um papel reprodutor quanto às desigualdades.

CONCLUSÃO

Após esse percurso, algumas proposições servem para explicar a problemática da fruição dos espaços e recursos de uma universidade de excelência por indivíduos de estratos sociais mais modestos.

Os estudantes aqui investigados possuem algumas características típicas que os diferenciam de indivíduos desfavorecidos encontrados nas grandes cidades brasileiras. Contudo, quando se analisa a trajetória até o ensino superior, também convivem diariamente com uma série de entraves semelhantes a seus pares sociais.

Embora os dezessete estudantes se aproximem em muitos pontos, existem também entre eles muitas diferenciações e singularidades que não nos permite considerá-los como um bloco homogêneo em quaisquer dos questionamentos abordados. É preciso ressaltar essa ocorrência, a qual aponta para a complexidade presente no estudo desse tipo de aluno. Assim, há clivagens bem demarcadas desde o momento em que passaram a obter informações sobre a Universidade de São Paulo. Nessa fase, foi decisivo o papel dos pais e irmãos, amigos e namorados(as) e, sobretudo, o papel de professores – alguns dos quais alunos da USP, configurando mais um elemento específico desse segmento – que serviram tanto como incentivadores e modelos a serem seguidos ou, indiretamente, passando orientações para a consecução de tarefas escolares que exigiam ida à USP. Entretanto, apesar das múltiplas configurações, há o traço comum que permite ligá-los e diferenciá-los de outros segmentos sociais: a falta de um capital familiar de informações sobre a universidade.

Elementos como um ambiente familiar com certa estabilidade emocional, um olhar atento de pais que valorizavam a educação como ferramenta para mobilidade social, o papel de mães em incutir o hábito de leitura desde a mais tenra idade, uma trajetória relativamente segura durante o ensino fundamental e uma confluência de fatores na fase pré-vestibular – experiência em processos seletivos, base prévia obtida em cursos técnicos e tecnológicos, autodidatismo – permitiram-lhes conseguir a vaga. Subjacente a esses elementos que são variáveis de acordo com as trajetórias em questão, há algo que os une desde a socialização primária até a vivência na universidade: um esforço incomum para enfrentar duros obstáculos que se põem à vista. Até mesmo quando são emitidos julgamentos negativos sobre suas chances na disputa pela vaga – o que geralmente afasta muitos indivíduos com condições sociais desfavoráveis – esse aspecto concorre para instigar-lhes a provar que são capazes, acabando por servir como mais um trunfo para o sucesso no vestibular.

Se eles não possuem vantagens culturais valorizadas nesse ambiente, há, contudo, uma marca que serve como fulcro explicativo para esse grupo. Nos três eixos do estudo encontramos esse molde: seja na socialização primária, tendo como referência pais e irmãos, nos seus próprios trajetos ocupacionais, na trajetória de ingresso e, por fim, nas suas vivências na universidade onde convivem com duras dificuldades para levar o curso adiante. Em todos esses momentos imbricados, valores como determinação, independência, responsabilidade, maturidade, postura pró-ativa, luta, foram bem amalgamados, pois regularmente acionados, e é justamente esse traço que os capacita para o *trabalho autônomo*, o "se virar", marca preponderante das exigências cotidianas no espaço universitário em questão. Assim, é como se houvesse para esses estudantes uma correspondência entre um esforço e um espaço que o requer. Isso define, nos termos de Bourdieu (2002, p. 167), uma prática "... a prática é o produto da relação dialética entre uma situação e um habitus, entendido como um sistema de disposições duradouras e transponíveis que, integrando todas as experiências passadas, funciona a cada momento como uma matriz de percepções, de apreciação e de ações".

Há limites, porém, em suas experiências, bem nítidos quando se problematiza o processo de "escolha" dos cursos: estão afastados das carreiras mais disputadas da USP – o que gera desejos interditados e compensações nem sempre felizes – e, ressalta-se, mesmo nos cursos que estão percorreram um longo e custoso caminho.

Antes do ingresso na conceituada Universidade de São Paulo, cultivavam uma visão idealizada desse espaço. A vivência enquanto aluno propiciou uma visão crítica expressa nos problemas práticos enfrentados em suas respectivas unidades de ensino que afetam seus cursos e nas restrições ligadas aos limites objetivos impostos pela condição social, dentre as quais destaca-se a necessidade de trabalhar, ocasionando a escassez de tempo para dedicação aos estudos. Além disso, um convívio com dificuldades econômicas e simbólicas veio à tona: no nível material desponta a distância do campus, a falta do aporte financeiro para compra e xerox de livros, a utilização de computadores somente na universidade e, até mesmo, a consideração do restaurante universitário como espaço importante. Na dimensão propriamente cultural aparecem dificuldades como a falta de domínio de línguas estrangeiras para leitura como diferencial do ponto de vista do aproveitamento do curso e, também, obstáculos ligados a uma base conceitual requerida para dar conta das leituras que envolvem o contato com teorias científicas. A universidade enquanto novo local de estudos requer a aprendizagem – muitas vezes feita de modo penoso – de novos tipos de tarefas escolares, na maioria das vezes desconhecidas pelos estudantes, como a apresentação de seminários, relatórios e trabalhos, as quais, quando relacionadas com o alto nível de exigência, pedem uma habilidade para administrar um tempo que já é exíguo devido à necessidade inadiável do trabalho para sobrevivência.

Nesse bojo se insere a fruição, a qual enseja uma diferenciação no interior da USP mediada por dois aspectos cruciais: tempo disponível e distância da universidade. Uma pergunta se impõe e talvez sempre esteve implícita a me intrigar: até que ponto esses trabalhadores-estudantes "passam" pela USP como se fossem meros produtos em uma linha de montagem, apropriando apenas uma parte pequena do amplo "currículo aberto" que ela possui? Um "currículo" que varia desde o uso em toda plenitude dos livros e periódicos de uma biblioteca até o contato mais estreito com professores. Sem dúvida, não há elementos suficientes para respondê-la a contento, porém, temos indicativos que podem ser úteis: dispor de mais tempo, a partir das evidências coligidas, não é suficiente como explicação. Outros momentos ainda precisam ser mais considerados, como a trajetória específica do indivíduo, sua formação e predisposição para valorizar determinados aspectos disponíveis em uma universidade pública. Ou seja, além de tempo, é preciso refletir também sobre o uso que se faz dele, sugerindo assim modos diversos de inserção acadêmica entre os alunos.

Por fim, se a universidade não pode ser considerada uma instância que por si só resolverá diferenças sociais, as evidências apontam que se faz necessário da mesma forma repudiar a visão que a quer neutra, pois quando ela não olha de modo mais interessado para as desigualdades que estão sob seu terreno, acaba intensificando as disparidades previamente existentes. Em decorrência, após a investigação realizada, cada vez mais, a permanência no ensino superior deve ser entendida como uma interação entre condicionantes estruturais da sociedade e as ações conjunturais que estão ao alcance, dentro de seus limites, das universidades. Os resultados encontrados apontam que os órgãos universitários poderiam ter uma postura mais ativa. Sem isso, talvez o debate atual sobre uma maior inclusão social no ensino superior pode estar encobrindo uma de suas dimensões mais centrais, qual seja, o conhecimento a todos oferecido é mais satisfatoriamente apropriado apenas por alguns.

REFERÊNCIAS BIBLIOGRÁFICAS

ALMEIDA, A. M. F. de. *A escola dos dirigentes paulistas*. Campinas, São Paulo, 1999. Tese (Doutorado) – Universidade Estadual de Campinas, Faculdade de Educação.

_____. Língua nacional, competência escolar e posição social. In: ALMEIDA, A. M. F. et al. *Circulação internacional e formação intelectual das elites brasileiras*. Campinas, São Paulo: Editora da Unicamp, 2004, p. 29-46.

ALMEIDA, W. M. *Vivências universitárias*: itinerários de estudantes com desvantagens socioeconômicas e educacionais na USP. Relatório de Qualificação para Mestrado. Departamento de Sociologia, USP, jun. 2005.

BALL, Stephen. *Class strategies and the education market*: the middle classes and social advantage. London: Routledge Falmer, 2003.

_____. et al. Décisions, différenciations et distinctions: vers une sociologie du choix des etudes supérieures. *REVUE FRANÇAISE DE PEDAGOGIE*, nº 136, p. 65-75, juillet-août-septembre 2001.

BARBOSA, M. A. *Estudantes de classes pobres na universidade pública*: um estudo de depoimentos em psicologia social. São Paulo, 2004. Dissertação (Mestrado) – Instituto de Psicologia, USP.

BEISIEGEL, Celso de Rui. A pesquisa na universidade e a interface com o sistema educacional. In: JANCSÓ, I.; CAPELATO, M. H. R. (orgs.). *Humanidades: a pesquisa na avaliação do mérito acadêmico*. São Paulo: Humanitas/FFLCH-USP, 1999, p. 111-122.

BERGER, P.; LUCKMANN, T. *A construção social da realidade*. Petrópolis: Vozes, 1966.

BONELLI, Maria da Glória. *A classe média do "milagre" à recessão*. São Paulo: Idesp, 1989.

BONNET, M.; CLERC, N. Des "Héritiers" aux "nouveaux" étudiants: 35 ans de recherches. *REVUE FRANÇAISE DE PEDAGOGIE*, nº 136, p. 9-19, juillet-août-septembre 2001.

BOURDIEU, P. Le paradoxe du sociologue. *SOCIOLOGIE ET SOCIETÉS*, Vol. XI, nº 1. (texte d'une conference qui a éte prononcée à Arras em octobre 1977).

_____. Trabalhos e projetos. In: ORTIZ, R. (org.). *Pierre Bourdieu: sociologia*. São Paulo: Ática, 1983, p. 38-45.

_____. The Forms of Capital. In: RICHARDSON, J.G. (ed.). *Handbook of theory and research for the sociology of education*. Westport, Connecticut: Greenwood Press, 1986, p. 241-58.

_____. *La distincion*: criterios y bases socials del guesto. Madrid: Taurus, 1988. [1979]

_____. Introdução a uma sociologia reflexiva. In: *O poder simbólico*. Rio de Janeiro: Difel, 1989, p. 17-58.

_____. Espaço Social e Espaço Simbólico. In: *Razões práticas: sobre a teoria da ação*. Campinas, São Paulo: Papirus, 1996, p. 13-33.

_____. *Escritos da educação*. Petrópolis: Vozes, 1999. (Organizado por Maria Alice Nogueira e Afrânio Mendes Catani).

_____. *Esboço de uma teoria da prática* – precedidos de três estudos de etnologia Cabila. Portugal: Celta Editora, 2002.

_____; PASSERON, J-C. *Les Héritiers*: les étudiants et la culture. Paris: Minuit, 1964.

_____; CHAMPAGNE, P. Os excluídos do interior. In: BOURDIEU, P. (coord.). *A miséria do mundo*. Petrópolis: Vozes, 1999. p. 481-86.

_____; DARBEL, A. Obras culturais e disposição culta. In: *O amor pela arte: os museus da arte na Europa e seu público*. São Paulo: Editora Zouk, 2003, p. 69-111.

BOYER, R.; CORIDIAN, C.; ERLICH, V. L'entrée dans la vie étudiante: socialization et apprentissages. *REVUE FRANÇAISE DE PEDAGOGIE*, nº 136, p. 97-105, juillet-août-septembre 2001.

CAMARGO, J. M.; FERMAN, B. Cotas e desigualdade. São Paulo: *FOLHA DE SÃO PAULO*, 22 jun. 2004.

CARDOSO, F. H. Universidade precisa de mais método e menos ideologia. São Paulo: *FOLHA DE SÃO PAULO*, 23 jan. 2004. Especial USP 70 anos.

CARDOSO, Ruth C. L.; SAMPAIO, H. Estudantes universitários e o trabalho. *REVISTA BRASILEIRA DE CIÊNCIAS SOCIAIS*, ano 9, nº 26, p. 30-50, out. 1994.

CATANI, A. M.; OLIVEIRA, R. P. ; OLIVEIRA, T. F. M. Expansão do Ensino Superior Público no Estado de São Paulo: estudos dos efeitos práticos de um dispositivo constitucional (1989-1996). In: SGUISSARDI, V.; SILVA JR., J. R. (orgs.). *Políticas públicas para o ensino superior*. Piracicaba, São Paulo: Editora da Unimep, 1997, p. 265-77.

CHAUI, M. Entrevista. INFORME – Informativo da FFLCH-USP, nº 9, mar. 2004.

CORREIA, Davi. Por uma universidade pública, paga e de qualidade. *CIÊNCIA HOJE*, Vol. 37, nº 218, p. 60-62, 2005.

COSTA, A. F.; MACHADO, F. L.; ALMEIDA, J. F. Estudantes e amigos – trajectórias de classe e redes de sociabilidade. *ANÁLISE SOCIAL*, Vol. XXV, nº 105-106, p. 193-221, 1990.

DAUSTER, T. "Uma revolução silenciosa": notas sobre o ingresso de setores de baixa renda na universidade. In: *XXVII Encontro Anual da ANPOCS*, Caxambu, Minas Gerais, 2003, p. 1-22.

DICK, M. V. do Amaral. A FFLCH e a semana de recepção ao calouro. In: INFORME – Edição Especial 1999-2001. São Paulo: SDI/FFLCH/USP, 2002, p. 49-52.

ERLICH, V. *Les nouveaux étudiants*: un groupe social en mutation. Paris: Armand Colin, 1998.

————. The "new" students, the studies and social life of french students in a context of mass higher education. *EUROPEAN JOURNAL OF EDUCATION*, Vol. 39, nº 4, p. 485-95, 2004.

EVELYN, Patrícia. Aluna de cursinho popular entra na USP: moradora de Guaianazes realiza sonho. São Paulo: *DIÁRIO DE SÃO PAULO*, 17 fev. 2004.

FÁVERO, L. L. O tópico discursivo. In: PRETI, D. (org.). *Análise de textos orais*. São Paulo: Humanitas, p. 33-54, 2001.

FERNANDES, F. A reconstrução da realidade nas ciências sociais. In: *Fundamentos empíricos da explicação sociológica*. São Paulo: Companhia Editora Nacional, 1959, p. 1-40.

————. Distribuição das oportunidades educacionais no ensino superior. In: *Universidade brasileira: reforma ou revolução*. São Paulo: Alfa-Ômega, 1975, p. 129-136.

_____. Florestan Fernandes: esboço de uma trajetória. BIB, Rio de Janeiro, nº 40, 2º semestre, 1995, p. 3-25.

FERREIRA, M. C. Seleção social e o ensino superior das desigualdades: os determinantes da aprovação no vestibular da UFRJ – 1993. Brasília: *REVISTA BRASILEIRA DE ESTUDOS PEDAGÓGICOS*, Vol. 80, nº 194, p. 53-70, jan./abr., 1999.

FORACCHI, M. M. *O estudante e a transformação da sociedade brasileira*. São Paulo: Companhia Editora Nacional, 1965.

_____. A análise sociológica da educação. In: *A participação social dos excluídos*. São Paulo: Hucitec, 1982, p. 64-82.

_____. O estudante universitário: resultados iniciais de uma investigação sociológica. In: *A participação social dos excluídos*. São Paulo: Hucitec, 1982, p. 155-58.

GATTI, B. A. *Grupo focal na pesquisa em ciências sociais e humanas*. Brasília: Líber Livro, 2005.

GHISOLFI, Juliana da Costa. *Ensino superior no Brasil*: qual o sentido? Relatório parcial de atividades – Iniciação Científica. Instituto de Filosofia e Ciências Humanas. Departamento de Ciência Política – Unicamp, jul. 2000.

GOMES, J. V. Família e socialização. *PSICOLOGIA USP*, vol. 3, nº 1/2, p. 93-105, 1992.

_____. Jovens urbanos pobres: anotações sobre escolaridade e emprego. *REVISTA BRASILEIRA DE EDUCAÇÃO*, nº 5/6, p. 53-62, 1997.

GRANGER, G-G. Modéles qualitatifs, modéles quantitatifs dans la connaissance scientifique. *SOCIOLOGIE ET SOCIÉTÉS*, Vol. XIV, nº 1, p. 7-13, 1977.

GRYNSZPAN, M. A teoria das elites e sua genealogia consagrada. BIB, Rio de Janeiro, nº 41, 1996, p. 35-83.

HEY, A. P. *Produção acadêmica em educação superior no Brasil*: as relações do espaço acadêmico com o campo do poder. In: *XIX Encontro Anual da AN-POCS*, Caxambu, Minas Gerais, 2005, p. 1-17.

HIRANO, S. et al. *A universidade e a identidade da condição estudantil*: um estudo sobre a situação socioeconômica, níveis de saúde e modo de vida dos estudantes da USP. *Temas IMESC*, Soc. Dir. Saúde, São Paulo, Vol. 4, nº 1, p. 83-108, 1987.

HUTCHINSON, B. A origem socioeconômica dos Estudantes Universitários. In: *Mobilidade e trabalho*. Rio de Janeiro: Inep, 1960, p. 139-155.

INSTITUTO DE ESTUDOS DO TRABALHO E SOCIEDADE. *Desenvolvimento com justiça social*: esboço de uma agenda integrada para o Brasil. Rio de Janeiro: 2001. (Policy Paper nº 1).

KRUEGER, R. A. *Moderating focus group*. London: Sage, 1998.

LAHIRE, B. *Sucesso escolar nos meios populares*: as razões do improvável. São Paulo: Ática, 1997.

LAMONT, M.; MOLNÁR, V. The study of boundaries in the social sciences. *ANNUAL REVIEW SOCIOLOGY*, Vol. 28, p. 167-95, 2002.

LEITÃO, Miriam. Cristovam acertou sobre a universidade. São Paulo: *DIÁRIO DE SÃO PAULO*, p. B-4, 14 set. 2003.

MILLS, C. W. *A elite do poder*. Rio de Janeiro: Jorge Zahar, 1962.

_____. A elite do poder: militar, econômica e política. In: *Wright Mills: sociologia*. Coletânea organizada por Heloísa Rodrigues Fernandes. São Paulo: Ática, 1985, p. 62-80.

MORGAN, D. L. *Focus group as qualitative research*. London: Sage, 1988.

NAEG – Núcleo de Apoio aos Estudos da Graduação. *Observações sobre o Projeto Tempo Zero 1991-1993*. São Paulo: Naeg/USP, 1993.

NOGUEIRA, M. A.; ROMANELLI, G.; ZAGO, N. (orgs.). *Família & escola*: trajetórias de escolarização em camadas médias e populares. Petrópolis: Vozes, 2000.

PAUL, J. J.; SILVA, N. V. Conhecendo o seu lugar: a auto-seleção na escolha de carreira. *REVISTA BRASILEIRA DE POLÍTICA E ADMINISTRAÇÃO ESCOLAR*, Vol. 14, nº 1, p. 115-30, jan./jun. 1998.

PAVÃO, A. *Inclusão e exclusão das camadas populares na universidade*: o papel da leitura e da escrita. Rio de Janeiro: 2004. Tese (Doutorado) – Pontifícia Universidade Católica do Rio de Janeiro, Departamento de Educação.

PIRES, A. P. Échantillonnage et recherche qualitative: essai théorique et méthodologique. In: POUPART, J. et al. *La recherche qualitative: enjeux épistémologiques et méthodologiques*. Canadá: Gäetan Morin Éditeur, 1997, p. 113-69.

POCHMANN, M. *Os ricos no Brasil*: atlas da exclusão social. São Paulo: Cortez, 2005.

_____. et al. *Classe média*: desenvolvimento e crise. São Paulo: Cortez, 2006.

POWER, S. et al. *Education and the middle class*. Buckingham: Open University Press, 2003.

QUEIROZ, M. I. P. de. *Variações sobre a técnica de gravador no registro da informação viva*. São Paulo: T. A. Queiroz, 1991.

ROSS, A. et al. *Higher education and social class*: issues of inclusion and exclusion. London: Routledge, 2003.

ROSSI, Clóvis. Devolvam a "minha" escola. São Paulo: *FOLHA DE S. PAULO*, p. A-2, 16 fev. 2006.

SAMPAIO, H.; LIMONGI, F.; TORRES, H. *Equidade e heterogeneidade no ensino superior brasileiro*. Brasília: INEP, 2000.

SANTOS, C. M. A aparente responsabilidade do vestibular na elitização da universidade pública: uma análise dos dados da Universidade Estadual Paulista – Vunesp/1993. *ESTUDOS EM AVALIAÇÃO EDUCACIONAL*. São Paulo, Vol. 15, p. 227-54, jan./jul. 1997.

SETTON, M. G. J. *Um novo capital cultural*: pré-disposições e disposições à cultura informal nos segmentos com baixa escolaridade. 31 f. Mimeografado.

SIMMEL, G. A Sociabilidade: exemplo de sociologia pura ou formal. *Georg Simmel: sociologia*. São Paulo: Ática, 1983. (Coletânea organizada por Evaristo Moraes Filho).

SOUSA E SILVA, J. *"Por que uns e não outros?"*: caminhada de jovens pobres para a universidade. Rio de Janeiro: Sette Letras, 2003.

SOUZA MARTINS, H. H. T. de. Técnicas qualitativas e quantitativas de pesquisa: oposição ou convergência? *CADERNOS CERU*, Série 2, nº 3, p. 166-70, 1991.

_____. A juventude no contexto da reestruturação produtiva. In: ABRAMO, H.W.; FREITAS, M. V.; SPOSITO, M. P. (orgs.). *Juventude em debate*. São Paulo: Cortez, 2000, p. 17-40.

_____. O processo de reestruturação produtiva e o jovem trabalhador: conhecimento e participação. *TEMPO SOCIAL*. São Paulo, Vol. 13, nº 2, p. 61-87, nov. 2001.

_____. Metodologia qualitativa de pesquisa. *EDUCAÇÃO E PESQUISA*. São Paulo, Vol. 30, nº 2, p. 289-300, maio/ago 2004.

SPOSITO, M. P.; ANDRADE, C. L. de. O aluno do curso superior noturno: um estudo de caso. *CADERNOS DE PESQUISA*. São Paulo, Vol. 57, p. 3-19, maio 1986.

VILLAS BÔAS, G. Seleção e partilha: excelência e desigualdades sociais na universidade. *TEORIA & SOCIEDADE*, nº 7, p. 95-115, jun. 2001.

ZAGO, N. *Do acesso à permanência no ensino superior*: percursos de estudantes universitários de camadas populares. In: *XVIII REUNIÃO ANUAL DA ANPED*. Caxambu, Minas Gerais, 2005, p. 1-16.

anexo I

QUESTIONÁRIO DE AVALIAÇÃO SOCIOECONÔMICA

1. **No ano passado você se inscreveu como treineiro na FUVEST?**
   1 Sim
   2 Não

2. **Além do vestibular da FUVEST, você pretende se inscrever também no vestibular:**
   1 Da Unicamp
   2 Da UNESP
   3 Da Unicamp e da UNESP
   4 De outras universidades, mas não no da Unicamp nem no da UNESP
   5 Não pretendo me inscrever em nenhum outro vestibular

3. **Quantos vestibulares você já prestou na FUVEST? (Como treineiro não conta.)**
   1 Nenhum
   2 Um
   3 Dois
   4 Três
   5 Quatro ou mais

4. **Em algum dos vestibulares que já prestou na FUVEST, chegou a ser convocado para matrícula?**
   1 Não
   2 Sim, mas não efetuei a matrícula

3   Efetuei a matrícula, mas abandonei o curso
4   Ainda estou fazendo o curso no qual me matriculei
5   Já concluí o curso no qual me matriculei

5. **Onde fez seus estudos de ensino fundamental?**
1   Só em escola pública (estadual ou municipal)
2   Só em escola particular
3   Maior parte em escola pública
4   Maior parte em escola particular
5   Metade em cada tipo de escola
6   Em supletivo ou madureza
7   No exterior (qualquer tipo de escola)

6. **Que tipo de ensino médio você realizou?**
1   Ensino médio comum
2   Curso técnico (industrial, eletrônica, química etc.)
3   Curso para magistério (antigo normal)
4   Outro

7. **Onde você realizou seus estudos de ensino médio?**
1   Só em escola pública (estadual ou municipal)
2   Só em escola pública federal
3   Só em escola particular
4   Maior parte em escola pública
5   Maior parte em escola particular
6   Metade em escola pública, metade em escola particular
7   Em supletivo ou madureza
8   No exterior (qualquer tipo de escola)

8. **Em que período você realizou seus estudos de ensino médio?**
1   Diurno (só manhã ou só tarde)
2   Diurno integral (manhã e tarde)
3   Noturno
4   Maior parte diurno
5   Maior parte noturno
6   Metade no diurno, metade no noturno

9. **Você se preparou, por quanto tempo, ou está se preparando em algum cursinho pré-vestibular?**
1   Não

2   Sim, menos de um semestre
3   Sim, um semestre completo
4   Sim, de um semestre a um ano
5   Sim, de um ano a um ano e meio
6   Sim, de um ano e meio a dois anos
7   Sim, mais de dois anos

10. **Você já começou algum outro curso superior?**
1   Não
2   Sim, mas abandonei
3   Sim, mas se passar na FUVEST vou desistir do atual
4   Sim, e se passar vou fazer os dois
5   Sim, mas ainda não resolvi o que fazer
6   Sim, e já concluí

11. **Qual o grau de instrução mais alto que seu pai obteve?**
1   Não frequentou escola
2   Iniciou o ensino fundamental, mas abandonou entre a 1ª e a 4ª série
3   Iniciou o ensino fundamental, mas abandonou entre a 5ª e a 8ª série
4   Ensino fundamental completo (1ª a 8ª séries)
5   Ensino médio incompleto
6   Ensino médio completo
7   Universitário incompleto
8   Universitário completo
9   Mestrado ou doutorado

12. **Qual o grau de instrução mais alto que sua mãe obteve?**
1   Não frequentou escola
2   Iniciou o ensino fundamental, mas abandonou entre a 1ª e a 4ª série
3   Iniciou o ensino fundamental, mas abandonou entre a 5ª e a 8ª série
4   Ensino fundamental completo (1ª a 8ª séries)
5   Ensino médio incompleto
6   Ensino médio completo
7   Universitário incompleto

8   Universitário completo
9   Mestrado ou doutorado

13.   Qual a situação profissional atual de seu pai?
1   Proprietário de empresa grande ou média
2   Proprietário de pequena ou microempresa
3   Funcionário público da administração direta ou autarquia
4   Profissional liberal, trabalhando por conta própria
5   Funcionário de empresa privada ou estatal
6   Capitalista (vive de rendimento de aluguéis ou de investimentos financeiros)
7   Aposentado ou pensionista
8   No momento, não exerce atividade remunerada nem recebe pensão ou aposentadoria
9   Outra

14.   Qual a situação profissional atual de sua mãe?
1   Proprietária de empresa grande ou média
2   Proprietária de pequena ou microempresa
3   Funcionária pública da administração direta ou autarquia
4   Profissional liberal, trabalhando por conta própria
5   Funcionária de empresa privada ou estatal
6   Capitalista (vive de rendimento de aluguéis ou de investimentos financeiros)
7   Aposentada ou pensionista
8   No momento, não exerce atividade remunerada nem recebe pensão ou aposentadoria
9   Outra

15.   Estado Civil
1   Solteiro
2   Casado
3   Desquitado, Divorciado, Separado Judicialmente
4   Viúvo
5   Outro

16.   Entre as alternativas abaixo, qual é a sua cor?
1   Branca
2   Preta

3 Amarela
4 Parda
5 Indígena

17. Qual é a renda familiar mensal (em reais) de sua casa?
1 Inferior a 500
2 Entre 500 e 1.500
3 Entre 1.500 e 3.000
4 Entre 3.000 e 5.000
5 Entre 5.000 e 7.000
6 Entre 7.000 e 10.000
7 Superior a 10.000

18. Quantas pessoas contribuem para a obtenção dessa renda familiar?
1 Uma
2 Duas
3 Três
4 Quatro
5 Cinco ou mais

19. Quantas pessoas são sustentadas com a renda familiar?
1 Uma
2 Duas
3 Três
4 Quatro
5 Cinco
6 Seis
7 Sete
8 Oito ou mais

20. Você exerce atualmente atividade remunerada?
1 Não
2 Eventualmente
3 Em meio período (até 20 horas semanais)
4 Em tempo semi-integral (de 21 a 32 horas semanais)
5 Em tempo integral (mais de 32 horas semanais)

21. Como pretende se manter durante seus estudos universitários?
1 Somente com recursos dos pais

2 Trabalhando, mas contando, para o essencial, com os recursos da família

3 Trabalhando para participar do rateio das despesas da família

4 Por minha conta, com recursos oriundos de trabalho remunerado

5 Com bolsa de estudos ou crédito educativo

6 Com bolsa ou crédito educativo, trabalhando e contando ainda com o apoio da família

7 Outros

22. **Quantos carros existem em sua casa?**

1 Nenhum

2 Um

3 Dois

4 Três

5 Quatro

6 Cinco ou mais

23. **Quantos microcomputadores existem em sua casa?**

1 Nenhum

2 Um

3 Dois

4 Três

5 Quatro ou mais

24. **Você acessa a internet?**

1 Não

2 De vez em quando

3 Frequentemente

25. **Quanto a sua origem profissional, você é oriundo:**

1 Do meio civil

2 Das Forças Armadas-Exército

3 Das Forças Armadas-Marinha

4 Das Forças Armadas-Aeronáutica

5 Da PMESP, na condição de Soldado

6 Da PMESP, na condição de Cabo

7 Da PMESP, na condição de Sargento

8 Da PMESP, na condição de Subtenente

9 De outras Polícias Estaduais

anexo II

ROTEIRO DE QUESTÕES
Grupos focais e entrevistas

Grupo 1 – 3/9/2005

1) Como ficou sabendo da USP?
2) Como via a USP antes de entrar. O que pensava sobre ela? O que esperava dela em termos de universidade?
3) Por que escolheu tal curso?
4) O que fez para conseguir entrar na USP?
5) Depois que entrou, qual é a sensação de estar na USP? Correspondeu às suas expectativas? Por quê? Qual a avaliação que vocês fazem? Descrever os pontos positivos e negativos.
6) Quais facilidades e problemas foram ou estão sendo enfrentados em termos de adaptação às tarefas e deveres exigidos pelo curso?
7) Está satisfeito (a) com o curso escolhido?
8) Participa ou já participou de atividades que ocorrem na universidade, por exemplo: conferências, palestras, simpósios, cursos extracurriculares, pesquisas, programas de monitoria, extensão universitária, grupos de pesquisa etc.?
9) Como é sua relação com os professores? Já os procurou para alguma orientação ou referência?
10) Relação com os colegas. Como é?

11) Como é o seu trânsito nos vários espaços da USP? Quais locais gosta de ir? Quais não gosta, não frequenta? Por que não? Onde se encontram, quem vai?

12) Acha que consegue aproveitar os espaços que a USP te oferece (museus, CINUSP, CEPEUSP, biblioteca, cursos de línguas, dentre outros)? Se não, quais os obstáculos ou o que deveria ser mudado para que pudesse aproveitá-la mais?

Grupo 2 – 17/9/2005

1) Como ficou sabendo da USP?

2) Como via a USP antes de entrar. O que pensava sobre ela?

3) Depois que entrou, qual é a sensação de estar na USP? Está correspondendo ao que você esperava dela? Descrever vantagens de estudar na USP, bem como problemas que vocês veem na USP?

4) O que fez para conseguir entrar na USP?

5) Por que escolheu tal curso?

6) Quais facilidades ou problemas foram ou estão sendo enfrentados em termos de adaptação às tarefas exigidas pelo curso?

7) Está satisfeito(a) com o curso escolhido?

8) Participa ou já participou de atividades que ocorrem na universidade, por exemplo: conferências, palestras, simpósios, cursos extracurriculares, pesquisas, programas de monitoria, extensão universitária, grupos de pesquisa etc.?

9) Como é sua relação com os professores? Já os procurou para alguma orientação ou referência?

10) Relação com os colegas. Como é?

11) Quais locais na USP vocês frequentam? Se não frequentam, quais os obstáculos ou o que deveria ser mudado para que pudesse aproveitá-la mais?

12) O que vocês acham das formas de avaliação do curso? (Sugestão do grupo 1.)

13) Passa ou passou pela cabeça desistir do curso? (Assistente Karla.)

Grupo 3 – 24/9/2005

1) Como ficou sabendo da USP?
2) Como via a USP antes de entrar. O que pensava sobre ela?
3) Depois que entrou, qual é a sensação de estar na USP? Está correspondendo ao que você esperava dela?
4) O que fez para conseguir entrar na USP?
5) Por que escolheu tal curso?
6) Quais facilidades ou problemas foram ou estão sendo enfrentados em termos de adaptação às tarefas exigidas pelo curso?
7) Está satisfeito(a) com o curso escolhido?
8) Participa ou já participou de atividades que ocorrem na universidade, por exemplo: conferências, palestras, simpósios, cursos extracurriculares, pesquisas, programas de monitoria, extensão universitária, grupos de pesquisa etc.?
9) Como é sua relação com os professores? Já os procurou para alguma orientação ou referência?
10) Relação com os colegas. Como é?
11) Quais locais na USP vocês frequentam? Se não frequentam, quais os obstáculos ou o que deveria ser mudado para que pudesse aproveitá-la mais?
12) O que vocês acham das formas de avaliação do curso?
13) Passa ou passou pela cabeça desistir do curso?

Como vocês fazem para chegar até à USP?

anexo III

FICHA DE INFORMANTES

Nome	Curso	Idade	Bairro	Estado Civil	Cor (Autodeclaração)
Lúcia	Letras	29	Vila Butantã	Solteira	Parda
Ana	Letras	27	Canindé	Solteira	Branca
Rose	Letras	34	Vila Clélia – Osasco	Divorciada	Branca
Adauto	Letras	26	Interlagos (Jd. Cruzeiro)	Solteiro	Branca
Gilberto	Letras	22	CRUSP	Solteiro	Parda
Antônio	Geografia	27	Jd. Sinob – Fco. Morato	Casado – 1 filha	Negra
Marcos	Geografia	27	CRUSP	Solteiro	Parda
Mário	Geografia	33	Lauzane Paulista	Solteiro	Branca
Jonas	Geografia	25	Jd. Paraíso – I. da Serra	Solteiro	Negra
Otávio	C. Cont.	23	Campo Limpo – Jd. Rosana	Solteiro	Parda
Isabela	C. Cont.	30	Bela Vista	Solteira	Caucasiano
Carlos	C. Cont.	21	Vila Augusta – Guarulhos	Solteiro	Branca
Mauro	Física Licenc.	27	Cidade Júlia	Solteiro	Índio
Eduardo	Física Licenc.	31	Vl. Vogueira –Diadema	Solteiro	Caucasiano
Clara	História	23	Butantã	Solteira	Branca
Robson	História	42	Jd. Celeste	Solteiro	Branca
Carolina	História	33	Jd. Prudência	Solteira	Branca

Tipo de Escola	Escolaridade do Pai	Escolaridade da Mãe	Função Exercida/Profissão
Pública	Primário	Primário	Supervisora Administrativa
Pública	Fundamental	Fundamental Incompleto	Secretária
Pública	Fundamental	Cursando Ensino Médio	Desenhista Gráfico
Pública	Primário Incompleto	Primário Incompleto	Meio-Oficial de Marceneiro
Pública	Fundamental Incompleto 6ª	Fundamental Incompleto 5ª	Estagiário em EJA
Pública	Primário	Primário Incompleto	Secretário de Escola
Pública	Primário	Primário Incompleto – 2ª	Técnico em Mecânica
Pública	Primário Completo	Primário Incompleto	Atendente Bancário
Pública	Primário Incompleto	Primário Incompleto	Assistente Depto. Pessoal
Pública	Primário	Primário	Analista Contábil
Pública	Primário	Ensino Médio	Analista Econômico-Financeira
Pública	Primário	Primário	Analista Contábil
Pública	Primário	Primário	Técnico em Processos – Área de Engenharia Mecânica
Pública	Fundamental incompleto 2ª série	Fundamental	Professor de Cursinho (Física/ Matemática)
Pública	Primário	Começou o primário há dois anos (era analfabeta)	Analista Contábil
Pública	Ensino Médio	Primário	Auxiliar de Necropsia
Pública	Primário	Primário	Comerciária

SOBRE O AUTOR

Wilson Mesquita de Almeida é Doutorando e Mestre em Sociologia pelo Programa de Pós-Graduação em Sociologia da USP. Bacharel e Licenciado em Ciências Sociais pela Faculdade de Filosofia, Letras e Ciências Humanas da USP. Atua nas seguintes linhas de pesquisa: acesso e permanência de segmentos populares no ensino superior; sociologia da educação; desigualdades educacionais; educação superior brasileira; políticas de inclusão e assistência estudantil. Em 2006, participou do Concurso Nacional de Monografias – Educação, Diversidade e Cidadania, promovido pela Associação Nacional de Pós-Graduação e Pesquisa em Educação (Anped) e pela Secretaria de Educação Continuada, Alfabetização e Diversidade (Secad-MEC), intitulada *Estudantes desprivilegiados e fruição da universidade*: elementos para repensar a inclusão no ensino superior.

Este livro foi composto em AGaramond e
impresso pela Gráfica Editora Parma para
Musa Editora na Primavera de 2009.